Tom Stone

Emotional Mastery –
So meistern Sie belastende Emotionen

Tom Stone

Emotional Mastery –
So meistern Sie belastende Emotionen

VAK Verlags GmbH
Kirchzarten bei Freiburg

Titel der amerikanischen Originalausgabe:
Emotional Mastery
© Tom Stone, 2014

Bibliografische Information der Deutschen Nationalbibliothek
Die Deutsche Nationalbibliothek verzeichnet diese Publikation in der Deutschen
Nationalbibliografie; detaillierte bibliografische Daten sind im Internet über
http://dnb.d-nb.de abrufbar.

VAK Verlags GmbH
Eschbachstr. 5
79199 Kirchzarten
Deutschland
www.vakverlag.de

© VAK Verlags GmbH, Kirchzarten bei Freiburg 2014
Übersetzung: Beate Brandt
Lektorat: Norbert Gehlen
Umschlagfoto: rudolfoelias / Fotolia
Umschlagdesign: Kathrin Steigerwald
Gesamtherstellung: Friedrich Pustet, Regensburg
Printed in Germany
ISBN: 978-3-86731-155-7

Inhalt

Einführung

Die Emotionen meistern – die Lebensqualität erhöhen

Wie die meisten Menschen wünschen auch Sie sich vermutlich ein erfülltes Leben, das Sie von Herzen genießen können. Das ist nur dann möglich, wenn Sie nicht länger Spielball Ihrer Emotionen sind. Ich kann Ihnen versichern, dass Sie mit *diesem* Problem keineswegs allein dastehen. Nahezu jedem Menschen auf der Welt geht es genauso.

Aus diesem Grund betrachte ich uns alle als „emotional inkompetent". In diesem Buch möchte ich Ihnen darlegen, warum diese emotionale Inkompetenz so weit verbreitet ist. Vor allem aber werde ich Ihnen zeigen, wie Sie *emotionale Kompetenz* entwickeln und anhand der hier vermittelten einfachen und effektiven Techniken zum *souveränen Umgang* mit Ihren Emotionen finden können.

Vielleicht empfinden Sie sich gar nicht als „Opfer" Ihrer Emotionen? Das mag daran liegen, dass Sie sich so sehr an die Einschränkungen gewöhnt haben, die Ihre emotionale Inkompetenz Ihnen auferlegt, dass Sie sie für normal halten. Aufgrund meiner Erfahrungen mit vielen Menschen vermute ich allerdings: Selbst wenn Sie ein Meister oder eine Meisterin im Verdrängen von Emotionen sind und glauben, Ihre Gefühlswelt fest im Griff zu haben, hält Ihr nicht aufgelöster emotionaler Schmerz Sie davon ab, das Leben voll und ganz zu genießen – und das in einem wesentlich stärkeren Maße, als es Ihnen womöglich bewusst ist.

Stellen Sie sich vor, wie es wäre, wenn Sie all das vollständig *auflösen* könnten, was sich in Ihrer Vergangenheit an seelischem Schmerz und traumatischen Gefühlen angesammelt hat – und zwar ganz leicht!

Stellen Sie sich vor, Sie könnten die Angst vor der Ungewissheit der Zukunft ablegen und stattdessen in einem Zustand des Staunens und der Freude ob dieser Ungewissheit leben. Wie wäre es, wenn Sie die Vorstellung loslassen könnten, alles unter Kontrolle haben zu müssen?

Überlegen Sie einmal einen Moment, wie es wäre, wenn Sie Ihrer *Intuition* vertrauten und sich immer von ihr leiten ließen. Und wenn Sie Ihre *intuitiven* Gedanken klar und deutlich von anderen Gedanken unterscheiden könnten?

Stellen Sie sich vor, Sie wären vollständig frei von dem Wunsch nach Anerkennung, Wertschätzung oder Akzeptanz durch andere. Wie wäre es beispielsweise, wenn Sie keine Angst mehr hätten, vor Publikum zu sprechen? Oder wenn der Traum, den Sie schon seit Jahren verfolgen (beispielsweise das Schreiben eines Buchs oder ein beruflicher Neuanfang) tatsächlich wahr würde?

Was wäre, wenn Sie keine *impulsiven* Entscheidungen mehr träfen, sondern stattdessen so präsent wären und in sich ruhten, dass Entscheidungen und Handlungen aus einem Zustand der Ruhe und Klarheit heraus erfolgten? Wie wäre es wohl, wenn Sie nie wieder aus Gefühlen wie Druck oder Verzweiflung heraus entscheiden müssten?

Stellen Sie sich eine Partnerschaft vor, in der Kämpfe und Streitigkeiten keinen Raum haben und in der gute Kommunikation, gegenseitiger Respekt, ein Gefühl tiefer Verbundenheit, aber auch Freiheit und Unabhängigkeit herrschen. Was wäre, wenn alle Ihre Beziehungen in jeglicher Hinsicht diesem Ideal entsprächen?

Stellen Sie sich vor, Sie würden sich nie mehr wegen etwas Sorgen machen oder Angst vor etwas haben. Wie wäre es, wenn Angstgefühle und Depressionen der Vergangenheit angehörten? Wie würde es sich wohl anfühlen, alles im Leben mit Begeisterung und Zielstrebigkeit anzupacken?

Das Einzige, was einem Leben wie dem hier beschriebenen im Wege steht, ist emotionale Inkompetenz.

Was Sie in diesem Buch erfahren, kann Ihr Leben von Grund auf verändern. Indem Sie einige Techniken zum Auflösen *der* Emotionen erlernen, die ich als „nicht nützliche" Emotionen bezeichne, können Sie rasch *emotionale Kompetenz* entwickeln und sind nicht länger Spielball Ihrer Gefühle. Die hier vorgestellten Verfahrensweisen sind der wirkungsvollste und schnellste Weg zur Erhöhung der Lebensqualität, den ich gefunden habe. Daher kann ich Ihnen nur ans Herz legen, diese einfachen Übungen zu erlernen und einzusetzen. Dann werden Sie sich eines erfüllten Lebens erfreuen.

1. Emotionale Inkompetenz – woher sie kommt und was sie uns kostet

Die meisten Menschen sind Opfer ihrer Emotionen. Das erkennt man schlicht und einfach daran, dass kaum einer von uns *gut* mit ihnen umgehen kann. Wir leben auf einem Planeten, auf dem emotionale Inkompetenz der Standard ist. Daher empfinden wir es auch als normal, dass Menschen wütend sind, Angst haben, in Panik geraten, frustriert oder enttäuscht sind beziehungsweise in Traurigkeit oder Depression verfallen. Ein häufig gewählter Weg, schmerzlichen oder unangenehmen Emotionen zu entkommen, ist die Einnahme von Medikamenten. Sie machen es möglich, dass wir unaufgelöste Konflikte und emotionalen Schmerz nicht fühlen müssen.

Die gesamte Tragweite des Problems wird aus den folgenden statistischen Angaben ersichtlich.

– In den USA leiden schätzungsweise 18 Prozent der Bevölkerung an Ängsten.

– 65 Prozent der US-Bürger schlucken täglich verschreibungspflichtige Medikamente, 43 Prozent nehmen regelmäßig stimmungsverändernde Präparate.

– Laut der amerikanischen Behörde für Drogenmissbrauch (NIDA) ist der Missbrauch von Tabak, Alkohol und illegalen Drogen äußerst kostspielig und schlägt allein in den USA mit über 600 Milliarden US-Dollar im Jahr zu Buche – Kosten, die durch Kriminalität, Produktivitätsausfälle und Ausgaben im Gesundheitswesen verursacht werden.

— Laut Schätzung des Büros der Vereinten Nationen für Drogen-
und Verbrechensbekämpfung aus dem Jahr 2011 verwendeten
weltweit zwischen 167 und 315 Millionen Menschen im Alter von
15 bis 64 Jahren eine illegale Substanz. Das entspricht etwa 3,6
bis 6,9 Prozent der erwachsenen Bevölkerung. (Siehe unter:
https://www.unodc.org/documents/hlr//FactSheets/Demand_Re
duction1.pdf)

Nicht in diesen Statistiken enthalten sind viele andere Formen von
Suchtverhalten, die zur Vermeidung von Stress und emotionalem
Schmerz dienen, wie Essstörungen, Sexsucht, Spielsucht und so weiter. Die Kosten, die emotionale Inkompetenz weltweit sowohl in
finanzieller Hinsicht als auch in Form von Leid verursacht, sind
gigantisch. Warum fällt Menschen der Umgang mit ihren Emotionen so schwer, dass sie Medikamente und Drogen nehmen oder
andere Formen von Suchtverhalten entwickeln, um ihre Gefühle zu
verdrängen?

Die Antwort ist einfach: Unsere emotionale Inkompetenz ent-
springt einer tiefgreifenden Konditionierung. In der frühen Kindheit
erleben wir alle eine Vielzahl an Momenten, in denen wir emotional
überwältigt werden. Bisher habe ich noch niemanden getroffen, dem
das nichts ausgemacht hat. Im Gegenteil, es tut weh und wir möchten diesen Schmerz nicht fühlen.

Diese Erfahrung scheint bei nahezu jedem Menschen die gleiche
Reaktion hervorzurufen: Wir versuchen, diese Situation so weit wie
möglich zu vermeiden, und dazu müssen wir unsere Gefühle verdrängen. Ist die Verdrängungstaktik nicht erfolgreich, wenden Menschen sich den unterschiedlichsten Drogen und Süchten zu, um den
Schmerz wenigstens geringfügig zu lindern.

Warum wir emotional inkompetent sind

Emotionen haben einen Inhalt und eine Energie. Wenn wir die emotionale Inkompetenz verstehen wollen, müssen wir zunächst den
Unterschied zwischen dem Inhalt und der Energie von Emotionen
verstehen.

Der *Inhalt* einer Emotion ist das, worum es bei der jeweiligen Emotion geht. Das umfasst beispielsweise den Namen der Emotion, die Umstände, die sie auslösten, und die Gedanken, die als Reaktion erfolgten. Einige einfache Beispiele:

- Enttäuschung – „Warum ist es nicht so gelaufen, wie ich es mir vorgestellt habe?!"

- Angst – „Seitdem ich überfallen wurde, habe ich Angst, aus dem Haus zu gehen."

- Sorge – „Was ist, wenn das Geld nicht ausreicht, um die Rechnungen zu bezahlen?"

- Kummer – „Was habe ich nur falsch gemacht? Warum hat er mich verlassen?"

Die *Energie* der Emotion ist das, was wir in unserem Körper oder um ihn herum spüren. Jede Emotion fühlt sich anders an. Enttäuschung wird anders wahrgenommen als Angst, und wenn Sie sich Sorgen machen, fühlt sich das anders an als Liebeskummer.

Die meisten Ansätze für den Umgang mit Emotionen konzentrieren sich auf den *Inhalt*. Die Idee dahinter ist, dass es uns einen gewissen Grad an Erleichterung verschafft, wenn wir verstehen, *warum* etwas passiert oder nicht passiert. Andererseits haben wir alle schon erfahren, dass es zwar womöglich unseren Intellekt befriedigt, den Grund für bestimmte Umstände zu kennen, dass sich die Energie der Emotion aber dennoch hartnäckig hält – unabhängig davon, wie sehr wir ihr Auftreten oder Ausbleiben verstehen können.

Es ist ein bisschen so, als wäre Ihr Rechner von einem Virus befallen. Ihr Verstand weiß alles über den Virus: wie er auf Ihren Rechner gelangt ist, wie er heißt, auf welche Weise er Ihre Daten schädigt usw. Aber das hilft Ihnen nicht dabei, ihn loszuwerden! Dazu müssen Sie ein Antiviren-Programm starten, denn nur dieses kann das Muster aus Einsen und Nullen von Ihrer Festplatte löschen, das den Virus ausmacht.

Auf uns Menschen übertragen bedeutet dies, dass die „Programmierfehler" in unserer inneren menschlichen „Software" durch die

Energie einer Emotion zum Leben erweckt werden. Wenn wir diese Fehlfunktionen wirklich beseitigen wollen, müssen wir die Energie finden und auflösen, die die entsprechende Emotion am Leben erhält. Durch Nutzen der Bewusstseinstechniken, die Sie in diesem Buch erlernen werden, können Sie einer Emotion die Energie nehmen. Dadurch wird die Information sozusagen leblos und die Emotion selbst vollständig aufgelöst ... und sie kommt auch nicht wieder. Die Entdeckung dieser Techniken bedeutet, dass uns nun endlich eine Antiviren-Software für Menschen zur Verfügung steht.

Gewohnheit Nr. 1:
Emotionen verdrängen

Der Versuch, Emotionen zu verdrängen, dient dazu, unsere Aufmerksamkeit von der Energie beziehungsweise dem Gefühl im Körper wegzubringen. Wir gehen, so weit es geht, auf Abstand, um möglichst nur einen Bruchteil der Emotion zu erfahren oder sie gar nicht zu spüren.

Die Entscheidung, die durch schmerzliche emotionale Energie ausgelösten körperlichen Gefühle möglichst zu verdrängen, treffen wir schon sehr früh im Leben, noch bevor wir sprechen können. Es ist eine präverbale Entscheidung. Wir versuchen, unserer natürlichen Fähigkeit, Dinge zu spüren, einen Riegel vorzuschieben, weil wir von den Gefühlen nicht überwältigt werden wollen. Daraus wird dann im Laufe der Zeit eine Gewohnheit – die Gewohnheit des Verdrängens von Emotionen.

Gewohnheit Nr. 2:
Sich von Emotionen überwältigen lassen

Wenn Sie es nicht schaffen, eine Emotion zu verdrängen, dann werden Sie von ihr überwältigt, was in der Regel dazu führt, dass Sie in Tränen ausbrechen.

Sich von Emotionen überwältigen zu lassen ist – ebenso wie der Versuch, sie zu verdrängen – eine Art, wie Menschen im Umgang mit

Emotionen tiefgreifend konditioniert werden. Die meisten von uns haben wohl mit beiden Möglichkeiten bereits reichlich Erfahrungen gesammelt. Das Problem dabei ist, dass weder der eine noch der andere Weg die Emotionen wirklich auflöst. Ihre Energie bleibt bestehen und sie ist es, die eine Emotion am Leben erhält. Erst wenn keine Energie mehr vorhanden ist, ist die Emotion wirklich aufgelöst.

Die tiefsitzende Konditionierung zum *Verdrängen* von Gefühlen auf der einen und zum *Überwältigtsein* von Gefühlen auf der anderen Seite ist so weit verbreitet, dass den meisten Menschen im Umgang mit ihren Emotionen schlichtweg jede Kompetenz fehlt. *Deshalb* ist emotionale Inkompetenz die Regel, nicht die Ausnahme. Die meisten von uns funktionieren auf diese Weise und werden so zum Spielball ihrer Emotionen. Wir versuchen so gut wie möglich mit unseren Emotionen zurechtzukommen und akzeptieren die beiden genannten Wege des Umgangs mit ihnen, weil wir nicht wissen, was wir sonst tun könnten.

Das Problem aber ist Folgendes: Wenn Sie eine Emotion verdrängen, ist sie immer noch da. Die emotionale Energie befindet sich weiterhin in Ihrem Körper, selbst wenn Sie es geschafft haben, die Emotion nicht mehr körperlich zu spüren. Bestimmte Umstände können sie Ihnen jederzeit wieder ins Bewusstsein rufen und das alte schmerzliche Gefühl taucht erneut auf, wieder und wieder.

Auch Weinen hilft nicht. Wenn beispielsweise ein geliebter Mensch gestorben ist, werden Sie dies auch dann noch als schmerzlichen Verlust empfinden, wenn Sie Ihren Tränen ausgiebig ihren Lauf gelassen haben.

Tatsächlich sind diese beiden Möglichkeiten des Umgangs mit Emotionen so weit verbreitet und tatsächlich wissen so wenige Menschen um alternative Möglichkeiten, dass die Idee, man könne auf eine neue und sinnvollere Weise mit Emotionen umgehen, höchstwahrscheinlich bei vielen auf Skepsis stoßen wird.

Aufgrund unserer tiefsitzenden Konditionierung, unsere Emotionen entweder zu verdrängen oder uns von ihnen überwältigen zu lassen, können wir zudem nicht mehr unterscheiden zwischen den belastenden *Umständen* und unserer emotionalen *Reaktion* auf diese Umstände. Beide scheinen uns untrennbar miteinander verbunden zu sein, und zwar so sehr, dass sie für manche Menschen nahezu ein und dasselbe sind. Aber die Umstände und unsere Reaktion auf die Umstände sind mitnichten das Gleiche. Und nun gibt es eine neue Möglichkeit, mit der Sie nicht nur Ihre Reaktion von den Umständen trennen, sondern zusätzlich die *Energie* der emotionalen Reaktion so gründlich auflösen können, dass sie komplett verschwindet und nicht wiederkommt.

Wenn Sie Ihre Emotionen stets verdrängt haben oder sich von ihnen überwältigen ließen, also bislang nichts anderes kennengelernt haben, wird es Ihnen natürlich schwerfallen zu glauben, dass es eine andere Möglichkeit gibt. Was aber wäre, wenn es tatsächlich eine neue Art des wirkungsvollen Umgangs mit Emotionen gäbe? Wenn es möglich wäre, emotionale Energie so gründlich aufzulösen, dass die spezifische emotionale Reaktion nie wieder auftritt? So unwahrscheinlich es sich auch anhören mag: Ich habe eine solche Möglichkeit entdeckt und beschreibe sie in diesem Buch.

2. Die Entdeckung eines neuen Wegs zum Auflösen emotionalen Schmerzes

Sie kennen sicherlich das Sprichwort „Not macht erfinderisch". Wie wahr das ist, durfte ich am eigenen Leib erfahren. Vor rund 20 Jahren erlebte ich etwas, was mich mehr oder weniger dazu *nötigte*, eine neue Art des Auflösens von emotionalem Leid und Trauma zu erfinden. Am 7. Dezember 1993 klingelte es um 18 Uhr an meiner Haustür. Ich lebte damals in Fairfield, einer normalerweise recht friedlichen Kleinstadt in Iowa mit rund 10 000 Einwohnern. An diesem Abend aber war alles anders.

In meiner Haustür war eine große ovale Glasscheibe, durch die ich erkennen konnte, dass vor der Tür ein Fremder stand, jemand, den ich noch nie gesehen hatte. In dem Moment, in dem ich die Tür öffnete, zog der Unbekannte seine Hand hinter dem Rücken hervor und zielte mit einer großen Handfeuerwaffe auf mich. „Oh Gott! Er hat eine Waffe", schrie ich, denn meine Frau und meine Tochter befanden sich ebenfalls im Haus.

Ich warf die Tür zurück ins Schloss und versuchte sie abzuschließen. Das hielt diesen Unbekannten jedoch nicht auf: Er trat einen Schritt vor und schoss durch die Glasscheibe auf mich. Die Kugel traf mich in der Brust und die Wucht des Schusses warf mich um. Später erfuhr ich, dass es sich um eine Waffe des Kalibers 44 handelte, mit der Jäger in der Regel auf Bärenjagd gehen.

Ich rappelte mich kurz auf, stolperte in einen angrenzenden Raum und fiel dort wieder zu Boden. Dabei rief ich so laut wie möglich, dass meine Frau die Polizei rufen solle, in der Hoffnung, dass dies den Angreifer davon abhalten würde, ins Haus zu kommen. Und leiser fügte ich hinzu: „Und ruf auch einen Krankenwagen!"

Meine Frau stürzte sofort zum Telefon, alarmierte die Polizei und bat um einen Rettungswagen. Dann schaute sie nach, was passiert war. Glücklicherweise war der Unbekannte geflohen, nachdem er auf mich geschossen hatte. Aber das wusste ich zu diesem Zeitpunkt nicht. Ich hörte das von der Kugel durchbrochene Sekuritglas der Tür knacken. Der Schütze hätte nur kurz dagegenklopfen müssen und es wäre ganz herausgebrochen. Dann hätte er mit der Hand hineingreifen, die Tür öffnen und ins Haus kommen können, um mich endgültig zu erledigen und meine Familie gleich mit. Das waren die schrecklichen Gedanken, die mir durch den Kopf schossen, als ich auf dem Boden lag und darauf wartete, dass die Polizei und der Rettungswagen endlich eintreffen würden. Es erschien mir wie eine halbe Ewigkeit.

Endlich trafen sie ein und ich wurde ins örtliche Krankenhaus gebracht, wo man mich notdürftig verarztete, bevor ich mit dem Hubschrauber in die Universitätsklinik von Iowa City geflogen werden sollte, das nächstgelegene größere Krankenhaus, da meine Verletzung kompliziert war. Das Ganze dauerte eine gefühlte Ewigkeit und der Arzt vor Ort weigerte sich, mir Schmerzmittel zu verabreichen, sodass ich bei jedem Atemzug einen rasenden Schmerz verspürte. Dann teilte man mir mit, der erste Hubschrauber habe technische Probleme und müsse woanders landen. Sie hätten nun einen Helikopter aus Cedar Rapids angefordert.

Irgendwann traf der Hubschrauber endlich ein und brachte mich in die Klinik. Dort kam ich sofort auf den Operationstisch. Die Ärzte untersuchten meinen gesamten Unterleib, da sich herausgestellt hatte, dass die Kugel zwar in meiner Brust gleich neben meiner rechten Brustwarze eingedrungen war, aber nun im Knochen rechts von meinem fünften Lendenwirbel steckte. Welche Organe sie auf ihrem Weg dorthin möglicherweise durchschlagen hatte, war nicht gleich zu erkennen.

Etwa drei Tage nach der Operation kam der Assistenzarzt bei mir vorbei, um zu sehen, wie es mir ging. Wir unterhielten uns kurz über meine Genesungsfortschritte und dann sagte er zu mir: „Tom, wissen Sie eigentlich wie viel Glück Sie haben?" – „Wie bitte?", entgegnete ich. „Ich wurde angeschossen. Was das mit Glück zu tun hat, müssen Sie mir schon erklären."

„Nun", sagte er, „wenn man auf kurze Distanz von einer Kugel vom Kaliber 44 getroffen wird, überlebt das meiner Einschätzung nach nur *ein* Mensch von zehntausend und nur bei *einem* von einer Million wären am Ende noch alle Organe und Körperteile intakt, wie das bei Ihnen der Fall ist."

Aber trotz meiner wundersamen Rettung war das ganze Erlebnis natürlich äußerst traumatisch für mich. Auch wenn ich damals noch nicht wusste, dass es so etwas wie eine posttraumatische Belastungsstörung gibt, wies ich alle typischen Symptome auf: Albträume, Flashbacks (Wiedererleben einer traumatischen Situation), Schreckreaktionen, Ängste. Nachts zitterten mir die Beine und ich schlief sehr schlecht. Ich konnte nicht an die Tür gehen, wenn es klingelte, und ich konnte nicht durch das Türglas schauen.

Mein neuer Umgang mit posttraumatischer Stressbelastung

Während ich mich nach diesem traumatischen Erlebnis auf dem Weg der Besserung befand, begann ich, nach etwas zu suchen, was eine tiefgreifende heilende Wirkung hatte. Ich wollte nicht für den Rest meines Lebens unter Traumasymptomen leiden. Also hielt ich nach einer Methode Ausschau, die mich wirklich heilen und das Trauma komplett auflösen würde.

Ich fragte mich, warum es uns Menschen derart schwerfällt, Traumen und emotionales Leid zu überwinden. Mir lag viel daran, eine wirklich befriedigende Antwort zu finden. Also startete ich mein eigenes Forschungsprojekt und begann der Sache auf den Grund zu gehen. Und ich hatte das große Glück, eine im Grunde genommen simple Erkenntnis zu gewinnen:

Ich entdeckte das, was ich zuvor bereits beschrieben habe, nämlich dass wir alle im Kindesalter immer wieder von Emotionen überwältigt werden und so Stück für Stück die Konditionierung entwickeln, uns so weit wie möglich von emotionalem Leid fernzuhalten.

Während ich so darüber nachdachte, kam mir eine ausgefallene Idee. Wie wäre es, wenn ich versuchen würde, eine *gegensätzliche* Methode anzuwenden? Wenn ich es wagen würde, mich dem Gefühl des emotionalen Leids oder der traumatischen Energie in meinem Körper zu *nähern*, anstatt beidem aus dem Weg zu gehen?

Nachdem mir diese Idee gekommen war, musste ich zugegebenermaßen meinen ganzen Mut zusammennehmen, um sie zu testen. Ich traute mich, das Gefühl der Angst und Panik, das ich immer noch in meiner Brust spürte, *ganz* zu fühlen. Das war sicherlich nicht angenehm, aber ich stellte überrascht fest, dass das Zulassen dieses Gefühls mich nicht umbrachte. Es machte zwar nicht unbedingt Spaß, aber ich musste zugeben, dass es möglich und auszuhalten war.

Ich konzentrierte mich auf den intensivsten Teil der Energie, die zum jeweiligen Gefühl gehörte, und machte damit wiederum genau das Gegenteil von dem, was wir normalerweise tun. Ich saß einfach da und nahm die Emotion in ihrer gesamten Intensität wahr. Ich kann es nur wiederholen: Es war keine angenehme Erfahrung. Aber ich beschloss dennoch, eine Weile dabeizubleiben und abzuwarten, was passieren würde. Eine Zeit lang blieb das Gefühl nahezu unverändert, dann ließ die Intensität zu meinem Erstaunen ein wenig nach.

Also tat ich erneut etwas, was der üblichen Vorgehensweise komplett widersprach: Ich richtete meine Aufmerksamkeit gezielt auf den Rest des Gefühls, das ich körperlich wahrnehmen konnte. Zunächst intensivierte es sich daraufhin wieder. Ermutigt durch die zuvor gemachte Erfahrung, bei der sich das Gefühl ja von alleine abgeschwächt hatte, erlaubte ich mir einfach, den Bereich wahrzunehmen, in dem es am stärksten war. Nach einer Weile begann es sich „sanfter" anzufühlen, der Schmerz nahm ab. Also knöpfte ich mir als Nächstes wiederum das verbleibende „Restgefühl" vor.

Auf diese Weise fuhr ich einfach damit fort, dem jeweils übrig bleibenden Teil des Gefühls immer wieder meine vollständige Aufmerksamkeit zu widmen. Jedes Mal schien das Gefühl dadurch zunächst stärker zu werden. Aber ich konnte auch spüren, dass die Gesamtenergie Stück für Stück geringer wurde … und sanfter.

Ich setzte den beschriebenen Ansatz wieder und wieder ein, bis ich an der entsprechenden Körperstelle nichts mehr spüren konnte. Als ich fertig war, prüfte ich mehrfach, ob noch etwas von dem ursprünglichen Panikgefühl übrig war, und konnte nichts mehr entdecken. Ich fühlte mich unglaublich erleichtert.

Monatelang hatte ich unter Angst und Panik gelitten – und jetzt war das Gefühl einfach so verschwunden. Ich nahm mir vor, bis zum nächsten Tag zu warten und zu sehen, ob die Angstfreiheit tatsächlich dauerhaft war. Was soll ich sagen: Der nächste Tag kam, und so intensiv ich auch das Gefühl von Angst und Panik heraufzubeschwören versuchte, es war einfach nicht mehr vorhanden!

Nun war ich hoch motiviert. Ich beschloss, den gleichen Prozess auf alle anderen traumatischen Gefühle anzuwenden, die ich noch hatte. Ich dachte an den Inhalt meiner Albträume und die Flashbacks und konnte die intensiven Gefühle spüren, die damit verbunden waren. Also wendete ich den gleichen Prozess wie am Tag zuvor auf die restlichen traumatischen Energien an, die ich in meinem Körper wahrnehmen konnte. Das Ergebnis war beeindruckend: Keine Albträume mehr, keine Flashbacks, keine Schreckreaktion, keine Ängste! Ich hatte etwas erreicht, was als unmöglich galt. Ich hatte mich selbst von posttraumatischen Belastungsstörungen geheilt.

Als Nächstes begann ich, meinen Freunden und meiner Familie die Techniken beizubringen. Ich fand heraus, dass praktisch jedes Problem, das eine Person hatte, im Wesentlichen durch das Vorhandensein „nicht nützlicher" Emotionen verursacht wurde. Um von der neuen Technik zu profitieren, musste man keineswegs ein Trauma haben. Sie schien hervorragend geeignet zu sein, die Grundlage nahezu *jedes* emotionalen Problems aufzulösen.

Mir wurde relativ schnell klar, dass dies ein echter Durchbruch war. Offensichtlich hatte ich eine wichtige Entdeckung gemacht.

3. Die Entwicklung des Konzepts *Human Software Engineering*

In den Monaten, die auf meine Entdeckung folgten, fing ich an, mehr und mehr Leuten davon zu berichten. Ich begann, andere bei der Lösung ihrer Probleme zu unterstützen. Eine der vielen Erfahrungen, die ich dabei machte, war die, dass dieser Prozess des Auflösens von Traumata und seelischem Schmerz sich auf vielerlei Themen anwenden ließ – auch auf solche, die *weniger* intensiv oder traumatisch waren.

Jeder hat schon einmal seelischen Schmerz erlitten und viele Menschen leiden unter mehr oder weniger traumatischen Erfahrungen. Ich stellte fest, dass die meisten von uns Hilfe im Umgang mit ihren Emotionen gebrauchen können.

Ich konnte einen Erfolg nach dem anderen verzeichnen und die meisten waren mehr als bereit dazu, diese neue Art des Umgangs mit schmerzlichen Erfahrungen, Traumen und Belastungen zu erlernen. Die Methode funktionierte.

Mir war bewusst, dass ich eine wichtige Entdeckung gemacht hatte, und ich begann, nach einem Namen dafür zu suchen. Ich entschied mich für die Bezeichnung *Human Software Engineering* (HSE). Für mich sind das emotionale Leid und die traumatischen Erfahrungen, die unser Körper im Zuge belastender Situationen speichert, so etwas wie „Programmierfehler" in der menschlichen „Software". Sie aufzulösen ist also eine Form der Fehlerbeseitigung. Gleichzeitig können wir so unsere innere menschliche Software auf den neuesten Stand bringen.

„Fehlfunktionen" in der menschlichen „Software"

Den meisten gefällt diese Analogie, da sie recht gut passt. Schließlich bauen wir Computer, um bestimmte menschliche Aufgaben zu automatisieren, und viele dieser Aufgaben erledigen Computer tatsächlich sehr gut. Nun scheint es so, dass wir (umgekehrt) aus unserer Arbeit an diesen unseren „Geschöpfen" etwas für die Arbeit an uns selbst lernen können: Wenn ein Computer nicht *die* Ergebnisse liefert, die wir erhalten wollen, und wenn das Gerät selbst (die Hardware) aber ordnungsgemäß arbeitet, dann muss man sich die *Software* vornehmen und hier Fehlfunktionen beseitigen, eine aktuellere Version hochladen oder das jeweilige Programm gleich neu installieren, damit wieder alles problemlos funktioniert. Bei uns Menschen läuft es ganz ähnlich. Wenn wir nicht das Ergebnis erzielen, das wir uns in unserem Leben wünschen, müssen wir unsere inneren Verarbeitungsprozesse auf Fehlfunktionen untersuchen und aktualisieren. Wie können wir das nun am effektivsten tun?

Eine der ersten Fragen, die sich mir bei der Entwicklung des Konzepts *Human Software Engineering* stellten, war folgende: Was sind die „Programmierfehler", die „Viren" oder Störungen in unserer menschlichen Software? Nach gründlichem Erforschen fand ich heraus, dass die meisten dieser Störungen *emotionaler* Natur sind. Das brachte mich auf die Idee, zwischen diesen zwei Kategorien von Emotionen zu unterscheiden:

- „nützliche" Emotionen und
- „nicht nützliche" Emotionen.

Die Natur unserer Emotionen

Genauer betrachtet ist jede einzelne Emotion entweder *nützlich* [im Sinne von hilfreich, dienlich, förderlich] oder *nicht nützlich* [im Sinne von: nicht hilfreich, eher hinderlich oder hemmend, in einem neutralen Sinne nutzlos, nicht von Nutzen, unnütz; Anmerkung d.

Verlags]. Emotionen wie Liebe, Mitgefühl, Freude oder Dankbarkeit kann man relativ eindeutig in die erste Kategorie einordnen. Aber auch Emotionen, die wir in der Regel als negativ betrachten, können ihr Gutes haben, beispielsweise *Angst*. Wenn Sie gerade ansetzen, die Straße zu überqueren, und bemerken im letzten Moment ein plötzlich herannahendes Auto, können Sie sich glücklich schätzen, dass Ihr Körper die angeborene Intelligenz besitzt, Angstenergie zu erzeugen, und Sie zum sofortigen Stehenbleiben veranlasst.

Abbildung 1 (siehe unten) gibt einen ersten differenzierten Überblick über *nützliche* und *nicht nützliche* Emotionen. „Nützlich" und „nicht nützlich" schien mir für unsere Zwecke eine bessere Unterscheidung zu sein als „gut" und „schlecht" oder „positiv" und „negativ". Um die *nützlichen* Emotionen brauchen wir uns nicht weiter zu kümmern. Wir können sie einfach so nehmen, wie sie sind, denn ändern möchten wir sie ja ohnehin nicht. Uns geht es hier um die *nicht nützlichen* Emotionen, die in der Regel den größeren Anteil ausmachen.

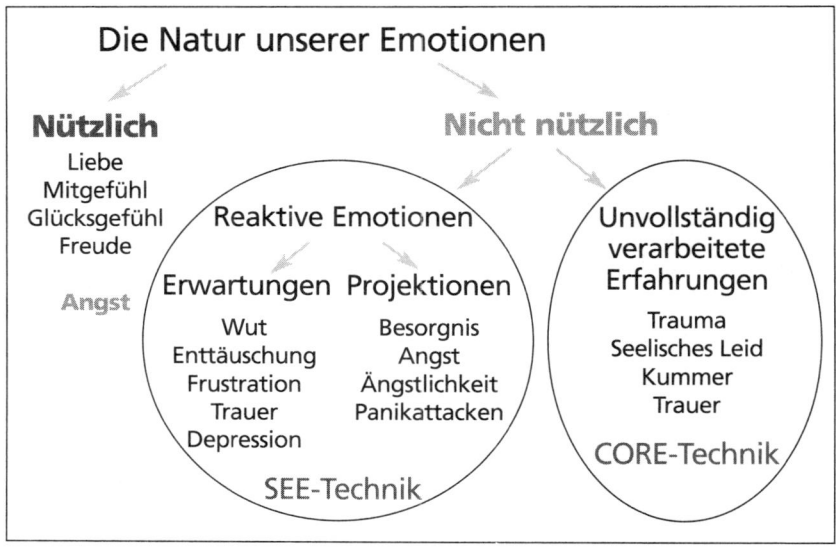

Abbildung 1

Es gibt zwei Kategorien von *nicht nützlichen* Emotionen. Die einen bezeichne ich als *reaktive Emotionen*, die anderen als *unvollständig verarbeitete Erfahrungen*. Bei den *reaktiven Emotionen* geht es vor allem um die Geschichten, die sich unser Verstand über Dinge ausdenkt, die in Wahrheit gar nicht existieren. Diese Geschichten wiederum lassen sich in zwei Typen unterteilen: Es handelt sich hierbei entweder um Erwartungen oder um Projektionen.

Wir alle wissen, was *Erwartungen* sind. Wir haben irgendeine Idee oder Vorstellung davon, was unserer Meinung nach in unserem Leben passieren sollte und was nicht. So erschaffen wir eine Geschichte darüber, *wie die Dinge sein sollten*. In der Regel tun wir dies, um uns sicherer zu fühlen oder uns vorzumachen, wir hätten alles im Griff. Dass diese Sicherheit natürlich nur eine scheinbare ist, wollen wir nicht wahrhaben.

Wir sind darauf zutiefst konditioniert und gewohnt, so vorzugehen. Schließlich machen es alle anderen ja auch so. Insofern ist es nichts Ungewöhnliches. Wir erfinden eine Geschichte und dann leben wir in dieser Geschichte. Und wir erwarten, dass die Dinge so ablaufen, wie wir uns das ausgemalt haben. Ist dies nicht der Fall, sind wir wütend oder enttäuscht oder es machen sich Frustration, Trauer oder Depression breit. Jeder von uns kennt diesen Ablauf.

Die andere Art von Geschichten, die wir uns erzählen, nenne ich *Projektionen*. In unserem Modell der *nützlichen* und *nicht nützlichen* Emotionen steht der Begriff „Projektionen" dafür, dass wir die Möglichkeit des negativen Ausgangs einer Geschichte in die Zukunft projizieren. Das führt zu Emotionen wie Angst, Besorgnis, Panikattacken und übertriebene Wachsamkeit, die auf unserer Annahme beruhen, in der Zukunft könnten von uns befürchtete Dinge geschehen. In der Regel liegt die Ursache für solche Projektionen darin, dass wir etwas Ähnliches bereits selbst erlebt oder bei anderen beobachtet haben.

Vielleicht tragen wir auch noch traumatische Erfahrungen aus der Vergangenheit mit uns herum, die die Grundlage für die jeweilige Geschichte bilden. Das macht das Auftreten negativer Projektionen zwar verständlich, aber es sollte uns auch einleuchten, dass das

Festhalten an solchen Geschichten uns nicht dabei hilft, das Eintreten vergleichbarer Situationen in der Zukunft zu verhindern. Dennoch erschaffen wir die Projektion der Möglichkeit, dass etwas Negatives passieren *könnte*. Weil wir unserer eigenen Geschichte Glauben schenken, baut sich Angst in uns auf.

Erwartungen sind also Geschichten über Dinge, die nur in unserem Kopf existieren. Und sie bringen uns dazu uns aufzuregen, wenn das, was wir zu wollen glauben, einfach nicht passiert.

Auch *Projektionen* sind Geschichten über Dinge, die nur in unserem Kopf existieren. Sie bringen uns dazu, mit Angst und Besorgnis zu reagieren. Aber keine Bange: Sie werden in diesem Buch ein Verfahren erlernen, mit dem Sie all diese reaktiven, unnützen Emotionen auflösen können – die sogenannte *SEE-Technik*.

Die Abkürzung SEE steht für *Side Entrance Expansion*, weil wir bei dieser Technik praktisch den „Seitenausgang" nehmen. Wenn Sie die Technik erst einmal erlernt haben, werden Sie verstehen, warum wir ihr diesen Namen gegeben haben. Mit der SEE-Technik können Sie jede Art von reaktiver Emotion vollständig auflösen. Das liegt daran, dass reaktive Emotionen alle die gleiche Art von Energiefeld besitzen. Ich habe die Erfahrung gemacht, dass die SEE-Technik diese Art von *nicht nützlichen Emotionen* schneller, effektiver und gründlicher auflösen kann als alles andere, was ich kenne.

Sie werden mit der SEE-Technik zugleich etwas lernen, was außerhalb Ihres bisherigen Erfahrungsbereichs liegt, denn sie lehrt Sie, konträr zu Ihrer konditionierten Vorgehensweise zu handeln. Anstatt im Energiefeld der reaktiven Emotion steckenzubleiben, können Sie sich aus ihm herausziehen und einfach zusehen, wie es sich langsam, aber sicher, auflöst.

In der Abbildung (Seite 25) über die Natur unserer Emotionen finden Sie auf der rechten Seite die andere große Unterkategorie *nicht nützlicher Emotionen*, die ich als *unvollständig verarbeitete Erfahrungen* bezeichne. Unvollständig verarbeitete [oder: unabgeschlossene, unbewältigte] Erfahrungen sind emotionale Reaktionen auf intensive Erlebnisse, die wir in der jeweiligen Situation nicht oder nicht ausreichend verarbeiten konnten, weil wir im Moment des Geschehens einfach zu sehr von unseren Gefühlen überwältigt waren.

Das liegt an der tiefgreifenden Beeinflussung durch *eine der Hauptdynamiken menschlicher Konditionierung: Vermeiden, etwas vollständig zu fühlen.* Was es mit diesen Dynamiken auf sich hat, erfahren Sie in einem späteren Kapitel.

Unvollständig verarbeitete Erfahrungen haben ein völlig anderes Energiefeld als reaktive Emotionen. In unvollständig verarbeiteten Erfahrungen stecken der seelische Schmerz und das Trauma schmerzlicher Erlebnisse, über die wir einfach nicht hinwegzukommen scheinen. Selbst wenn Sie es erfolgreich vermieden haben, den Schmerz dieser gespeicherten unbewältigten Erfahrungen zu spüren, sitzen sie Ihnen immer noch in den Knochen.

Wenn wir Erlebnisse haben, die mit sehr intensiven Gefühlen einhergehen (und das kommt gar nicht mal so selten vor), können diese leicht traumatisch werden. Traumatisch bedeutet, dass wir diese Erfahrung nicht vollständig verarbeiten oder verdauen können. Wir sind nicht besonders gut im Umgang mit Erlebnissen, bei denen wir intensive schmerzliche Gefühle erleiden.

Beim Durchleben einer gefühlsintensiven schmerzlichen Situation neigen wir dazu, unsere Aufmerksamkeit von dem Punkt abzuziehen, an dem wir die emotionale Energie intensiv im Körper spüren. Daher kommt es, dass wir die energetische Erfahrung, die der Körper in unserem Inneren erzeugt, nicht vollständig abschließen. Die *Quelle* unbewältigter Erfahrungen ist also der Körper, der ein äußerst starkes Energiefeld erschafft, das wir aus einem bestimmten Grund erfahren sollen. Wir jedoch haben Angst, von dieser Energie überwältigt zu werden; also vermeiden wir möglichst den Kontakt mit ihr. Das tun wir in der Regel, indem wir das Gefühl unterdrücken, uns davon distanzieren oder uns auf irgendeine Weise „betäuben", beispielsweise mit Drogen, Alkohol, Essen, Sex, Medikamenten oder Ähnlichem.

Hier haben wir im Übrigen eine äußerst wichtige Erkenntnis in Bezug auf seelischen Schmerz und Traumata; Sie können sich das in etwa so vorstellen: Der Körper versucht, uns eine Art von Erfahrungsweisheit zu vermitteln. Dazu erzeugt er das Energiefeld einer starken Emotion. Ich meine hier eine Lebenserfahrung, nicht ein intellektuelles Verstehen. Nun sind wir stark darauf konditioniert, solche intensiven Emotionen zu vermeiden. Also schlagen wir den entgegengesetzten Weg ein und entfernen uns so weit weg wie möglich von diesem Schmerz. Der Körper gibt jedoch keineswegs auf. Er erzeugt diese Energie immer wieder und macht uns so auf seine Weise darauf aufmerksam, dass es da eine Erfahrung gibt, die es noch zu verarbeiten und abzuschließen gilt. Noch einmal: Es geht nicht um mentales Verstehen. Der Körper möchte uns vielmehr *erlebte* Weisheit vermitteln, indem er uns auffordert, die Erfahrung abzuschließen, und dazu diese Energie immer wieder erzeugt. Wir jedoch winken in der Regel ab: „Ach nein, jetzt nicht. Später irgendwann, vielleicht nächsten Mittwoch, vielleicht auch nie."

Jede unvollständig verarbeitete Erfahrung hat also ein Energiefeld, das sich in seiner Art stark von den Energiefeldern reaktiver Emotionen unterscheidet, wie ich Ihnen weiter unten noch erläutern werde.

Zum Auflösen unvollständig verarbeiteter Erfahrungen nutzen wir die CORE-Technik. Die Abkürzung CORE steht für *Center of Remaining Energy* (zu Deutsch etwa: Zentrum der Restenergie). Und genau darum geht es bei dieser Technik: Sie begeben sich ins Zentrum der verbliebenen Energie und nehmen sie einfach wahr. Wenn Sie das tun, *spüren* Sie sie gleichzeitig, und zwar ganz unvoreingenommen. Sie versuchen nicht, sie loszuwerden. Sie machen einfach gar nichts damit. Allein dadurch, dass Sie die Energie wahrnehmen, beginnen Sie die Erfahrung abzuschließen, die der Körper Ihnen vermitteln will. Mit der CORE-Technik können Sie alle unnützen Emotionen auflösen, die mit unbewältigten Erfahrungen zusammenhängen.

> **Fassen wir kurz zusammen:**
>
> Wir haben festgestellt, dass es zwei Kategorien *nicht nützlicher Emotionen* gibt: auf der einen Seite die reaktiven Emotionen, die wir mithilfe der SEE-Technik auflösen können, und auf der anderen Seite die unvollständig verarbeiteten Erfahrungen, bei denen wir die CORE-Technik einsetzen. Das Anwenden der CORE- und der SEE-Technik ist vergleichbar mit dem Einsatz eines Antivirenprogramms für den Computer.

Zum Glück lassen sich beide Techniken schnell und problemlos erlernen. Wie es geht, erfahren Sie in diesem Buch. Der Einsatz dieser Techniken bedarf ein wenig der Übung, da wir zutiefst darauf konditioniert sind, die Beschäftigung mit den nutzlosen Emotionen und ihre Auflösung zu meiden. Im Grunde genommen sind wir sogar darauf konditioniert, das genaue Gegenteil zu tun, nämlich: sie zu behalten.

Die neue Definition emotionaler Kompetenz

Emotionale Kompetenz umfasst die Fähigkeit, zu erkennen, dass man eine Emotion durchlebt, und den angemessenen Umgang damit. Angemessener Umgang bedeutet, dass Sie in der Lage sind, zwischen nützlichen und unnützen Emotionen zu unterscheiden, und außerdem gelernt haben, wie man die unnützen Emotionen zügig und gründlich auflöst. Am wichtigsten ist natürlich, dass Sie das Erlernte auch konsequent anwenden. Auf diese Weise entsteht durch diese nutzlosen Emotionen kein Leid und sie stehen klaren Denk- und Entscheidungsprozessen nicht im Weg.

Wenn Sie emotional kompetent sind, können Sie nicht nur aus einer ruhigen inneren Klarheit heraus handeln, sondern sind auch geschult darin, zu dieser ruhigen Klarheit zurückzufinden, falls sie vorübergehend einmal durch das Auftreten *nicht nützlicher Emotionen* überlagert wird.

Diese Definition fügt der früheren Definition emotionaler Klarheit, bei der es stärker um das Meistern der Emotionen in Form von Verstehen, Ausdrücken und Loslassen ging, eine neue Dimension hinzu. Die *frühere* Definition emotionaler Kompetenz beinhaltete eine gewisse Leichtigkeit im Umgang mit anderen Menschen und die Fähigkeit, effektiv und erfolgreich zu führen und Gefühle auszudrücken. Es ging dabei um die grundlegende soziale Kompetenz, eigene Gefühle und die Gefühle anderer zu erkennen und zu deuten sowie konstruktiv auf sie zu reagieren.

Allerdings besteht ein wesentlicher Unterschied zwischen der Fähigkeit, mit den eigenen Emotionen irgendwie *klarzukommen*, und dem Erreichen von *Souveränität beim Auflösen* emotionaler Energien. Auch ist es wichtig, zwischen *nützlichen* und *nicht nützlichen Emotionen* unterscheiden zu lernen. Im Grunde ging es bei der alten Definition emotionaler Kompetenz darum, seine Emotionen *mithilfe des Intellekts* zu bewältigen. Will man allerdings wahre emotionale Kompetenz erreichen, muss man lernen, wie man die nicht nützlichen Emotionen *auflöst*, indem man sie durchlebt und sie nicht nur mit dem Verstand in den Griff bekommt.

Mein Konzept des *Human Software Engineering* (HSE) schließt diese wichtigen Unterschiede in die Definition emotionaler Kompetenz mit ein. Die wichtigsten neuen Elemente sind aber wohl die CORE- und die SEE-Technik, die einen neuen und einfachen Weg darstellen, nutzlose Emotionen aufzulösen. Insofern erfährt die Definition emotionaler Kompetenz hier eine erhebliche Erweiterung und Aktualisierung.

Doch wir benötigen nicht nur neue Techniken und Hilfsmittel. Wir müssen zudem lernen, das genaue Gegenteil von dem zu tun, was unsere starke Konditionierung von uns fordert. Wir alle sind darauf trainiert, vor der Energie von Emotionen zu fliehen oder von ihnen überwältigt zusammenzubrechen.

Glücklicherweise gibt es einen systematischen Entwicklungsprozess, mit dem Sie Schritt für Schritt immer höhere Ebenen emotionaler Kompetenz erreichen. Darum geht es in diesem Buch. Als Nächstes werde ich einen Überblick über die einzelnen Schritte geben.

4. Wie Sie den gesunden Umgang mit Emotionen schrittweise erlernen

Ich habe entdeckt, dass sich emotionale Kompetenz am leichtesten erlernen lässt, wenn dies in einer Abfolge aufeinander aufbauender Schritte geschieht. Und so sieht die Reihenfolge der Schritte aus:

- Als Erstes zeige ich Ihnen, wie Sie mit der GAP-Technik Zugang zur reinen Bewusstheit finden.

- Dann lernen Sie, die Energien von Emotionen im Körperinneren und um den Körper herum wahrzunehmen.

- Im nächsten Schritt geht es um das vollständige Auflösen der nicht nützlichen Emotionen mithilfe der CORE- und der SEE-Technik. Nach dem Erlernen dieser Techniken beginnen Sie, mit ihnen zu arbeiten, um Ihre nutzlosen Emotionen aufzulösen.

- Das Sammeln von Erfahrungen beim erfolgreichen Einsatz der CORE- und der SEE-Technik zum Auflösen einer großen Bandbreite an hinderlichen (nicht nützlichen) Emotionen ist der nächste Schritt.

- Anschließend lernen Sie, wie man weniger offensichtliche Emotionen erkennt. Dann wenden wir uns dem Auflösen der tiefen, verborgenen Emotionen zu, die die Basis für Ihre Konditionierung in der Kindheit darstellen.

- Sie werden die sieben Dinge kennenlernen, die den erfolgreichen Einsatz der Techniken verhindern können, und wie Sie damit umgehen.

- Und Sie werden lernen, wie Sie immer daran denken, die Techniken auch wirklich einzusetzen.

- Schließlich schaffen Sie dann den qualitativen Sprung von grundlegender emotionaler Kompetenz hin zum absolut souveränen Umgang mit Ihren Emotionen.

Die GAP-Technik

Die Technik, die es Ihnen ermöglicht, *reine Bewusstheit* zu erleben, bezeichne ich als GAP-Technik; GAP steht für *Greater Awareness Place*, also für den Ort größerer, ja, reiner Bewusstheit.

Bei der GAP-Technik lernen Sie, wie Sie Ihre Aufmerksamkeit einfach darauf lenken, Ihre Bewusstheit wahrzunehmen. Ihre Bewusstheit ist nichts anderes als das, was Sie in Ihrer Essenz ausmacht. Es ist der Teil von Ihnen, der es möglich macht, alles zu erfahren. Ihre Bewusstheit ist der stille Hintergrund, vor dem alle Ihre Gedanken, Gefühle und Wahrnehmungen auftauchen.

*

Anleitung

Reine Bewusstheit zu erleben ist ganz einfach. Sie brauchen sich lediglich ein paar Minuten Zeit zu nehmen, um Ihre Gedanken zu beobachten. Dann treten Sie hinüber in den Raum neben oder *jenseits* Ihrer Gedanken und nehmen den Hintergrund von Stille wahr, vor dem die Gedanken auftreten.

*

Was genau ich damit meine, kann ich am besten anhand eines Beispiels verdeutlichen. Gedanken tauchen im Verstand so ähnlich auf wie Wolken am blauen Himmel. Wenn man an einem leicht bewölkten Tag zum Himmel schaut, kann man sowohl die Wolken als auch den klaren Himmel erkennen. Wenn Sie auf eine bestimmte Wolke blicken, werden Sie auch den Himmel sehen. Sie brauchen nur ein wenig zur Seite zu schauen und da ist er … Der Himmel ist im Hintergrund *immer* vorhanden.

In der gleichen Weise treten unsere Gedanken vor dem Hintergrund der Stille in Erscheinung. Um die Stille zu erfahren, die im Hintergrund herrscht, nehmen Sie einfach einen Gedanken wahr und blicken dann zur Seite. So erleben Sie den Hintergrund von Stille. Sie sehen, es ist ganz einfach.

Natürlich wird es nicht lange dauern, bis ein *neuer* Gedanke auftaucht. Wenn Sie die GAP-Technik die ersten Male einsetzen, kommt er vielleicht so schnell, dass sein Auftreten die Erfahrung des stillen Hintergrunds überschattet. Das ist jedoch nicht weiter schlimm. Wir versuchen schließlich nicht, unsere Gedanken loszuwerden. Und wir wurden darauf konditioniert, unsere Gedanken wahrzunehmen und nicht die Stille im Hintergrund.

Außerdem gibt es in diesem stillen Hintergrund ja nichts, das heißt, in gewisser Weise ist er ziemlich uninteressant. Wir sind es gewohnt, ständig „Dinge" wie beispielsweise Gedanken zu erfahren und unser Erleben über unsere Sinne wahrzunehmen. Im Vergleich dazu ist das Erfahren der eigenen Bewusstheit keine Erfahrung im eigentlichen Sinne, weil es hier keine Objekte gibt. Es ist einfach nur Bewusstheit, die sich selbst auf stille und abstrakte Weise erfährt.

Abbildung 2: Die Stille im Hintergrund unserer Gedanken ist vergleichbar
dem blauen Himmel hinter den Wolken ...
(Foto: A. Hermsdorf / pixelio.de)

Beim ersten Ausprobieren der Technik fragen Menschen sich manchmal, ob sie den Zustand überhaupt erfahren, weil es für uns ungewohnt ist, dass es kein Objekt gibt, das erfahren werden kann. Dennoch sind Sie dabei ja wach und erfahren somit zwangsläufig etwas.

Wenn Sie der Stille im Hintergrund gewahr werden, dauert es in der Regel nicht lange, bis der nächste Gedanke kommt. Sobald dies geschieht, blicken Sie einfach erneut an dem jeweiligen Gedanken vorbei und erleben dann wieder den Hintergrund. Bei jedem neuen Gedanken, der auftaucht, gehen Sie genauso vor. Sie brauchen nicht zu warten, bis der Gedanke zu Ende gedacht ist. Während Sie die GAP-Technik praktizieren, sollten Sie die Haltung einnehmen, dass Inhalt und Bedeutung Ihrer Gedanken gerade nicht wichtig sind. Auf diese Weise gelingt es Ihnen, sozusagen an einem Gedanken vorbei-zuschauen, ohne dass der Gedanke zu Ende gedacht werden muss.

So können Sie mit jedem Gedanken verfahren, sobald er sich zu zeigen beginnt. Das Ziel dabei ist, immer mehr dem Wahrnehmen des stillen Hintergrunds den Vorzug zu geben, statt die gesamte Auf-merksamkeit den Gedanken zu widmen. Je häufiger Sie die Technik praktizieren, an den sich bildenden Gedanken vorbeizusehen, umso mehr wird Ihnen bewusst werden, dass der stille Hintergrund *immer* da ist, genauso wie der Himmel.

Manchmal kann es aber auch schwierig sein, den Hintergrund wahrzunehmen. Das liegt häufig daran, dass die Gedanken so schnell und so zahlreich kommen, dass es gar keinen stillen Hintergrund mehr zu geben scheint. Doch selbst wenn Ihr Inneres *permanent* Gedanken erzeugt, erscheinen diese vor dem Hintergrund der Stille. Vielleicht erhaschen Sie einmal einen kurzen Blick darauf, erwarten aber, einen längeren Zeitraum der Stille zu erleben. Am Anfang kann dieses kurze Aufflackern alles sein, was Sie wahrnehmen. Und das ist völlig in Ordnung so.

Wenn Ihnen besonders viele Gedanken im Kopf herumgehen, dann liegt das daran, dass sich in Ihrem System viele unnütze Emo-tionen tummeln. Sobald Sie die SEE- und die CORE-Technik erlernen und beginnen, damit die beiden Arten *nicht nützlicher Emotionen* aufzulösen, wird es Ihnen leichter fallen, Zugang zum stillen Hintergrund zu finden. Je weiter Sie fortschreiten, umso vertrauter wird er Ihnen werden.

Es gibt noch einen weiteren guten Grund, die GAP-Technik schon zu einem frühen Zeitpunkt des Erwerbs emotionaler Kompetenz zu erlernen. Nachdem Sie die CORE- oder die SEE-Technik durchgeführt haben, werden Sie sich nämlich ebenfalls im Zustand reiner Bewusstheit befinden. Diesen Zustand zunächst einmal unabhängig davon zu erfahren, ist also wie eine Art Vorgeschmack auf das, was kommt, wenn Sie die Techniken einsetzen.

Wir bezeichnen diesen Zustand als reine Bewusstheit, weil es sich um Bewusstheit handelt, die allein sich selbst wahrnimmt, ohne ein weiteres Erfahrungsobjekt.

Wie nun fühlt sich diese reine Bewusstheit an? Die beste Möglichkeit, das herauszufinden, ist es, die hier beschriebene GAP-Technik einzusetzen. Reine Bewusstheit kann man nicht mit Worten beschreiben. Es ist eine *Erfahrung*, kein intellektuelles Konzept. Genauso wenig, wie es kaum möglich ist, jemandem zu beschreiben, wie eine Erdbeere schmeckt, wenn die betreffende Person noch nie eine probiert hat, können Beschreibungen der reinen Bewusstheit Ihnen ein Wissen darüber vermitteln. Man muss sie einfach erleben.

Nachdem sie die GAP-Technik ausprobiert und die reine Bewusstheit zum ersten Mal erlebt haben, berichten die meisten Menschen von einem Zustand der Stille, aber es fallen auch Worte wie Frieden, Ruhe, Entspannung, Weite und Grenzenlosigkeit. In diesem Zustand gibt es keine Konflikte und keine Probleme. Die Dualität, die das menschliche Leben sonst prägt, verschwindet und man wird von einem Gefühl des Einsseins mit allem durchdrungen. Die Existenz von „Problemen" setzt voraus, dass es Dualität gibt. „Konflikt" bedeutet, dass zwei unterschiedliche Positionen einander gegenüberstehen. Im Zustand reiner Bewusstheit gibt es keine Objekte und insofern nichts, was erfahren wird. Es ist der einzige wirklich problemfreie Zustand.

Das Gefühl der Weite und Stille der reinen Bewusstheit, das Sie mit der GAP-Technik erfahren können, ist der gleiche Seinszustand, den Sie nach Abschluss der CORE- beziehungsweise der SEE-Technik erleben, wie Sie später noch sehen werden.

Wie Sie die Energie von Emotionen im und am Körper spüren

Weil wir alle darauf konditioniert sind, Emotionen zu verdrängen oder uns von ihnen überwältigen zu lassen, fällt es vielen Menschen schwer, die Energie von Emotionen im und am Körper wahrzunehmen. Das ist eine natürliche Folge der Konditionierung, die uns von Kindesbeinen an davon abhält, Dinge vollständig zu fühlen.

Wenn Sie nutzlose Emotionen auflösen möchten, müssen Sie zunächst zulassen, dass Sie die Energie der jeweiligen Emotion vollständig spüren. Sie können weder mit der CORE- noch mit der SEE-Technik arbeiten, ohne die Energie der aufzulösenden Emotion in ihrer Gänze zu fühlen.

Ich habe herausgefunden, dass ein guter Ausgangspunkt für das Spüren der Energie von Emotionen im und am Körper darin besteht, zunächst die eigene Bewusstheit zu erfahren. Das liegt daran, dass uns beim Erfahren der eigenen Bewusstheit nichts im Wege steht, was das Zulassen der Erfahrung der emotionalen Energie verhindern würde. Sie müssen sich bewusst dafür *entscheiden*, die Energie der Emotion zuzulassen und zu spüren. Das ist ein wichtiger Schritt, weil wir schon unser ganzes Leben lang darauf konditioniert sind, Gefühle entweder zu verdrängen oder uns von ihnen überwältigen zu lassen.

Sobald Sie erst einmal ein gutes Gefühl dafür haben, wie sich der Hintergrund von Stille, also die reine Bewusstheit, anfühlt, besteht der nächste Schritt darin, an ein Erlebnis zu denken, das Sie belastet hat beziehungsweise das schmerzlich oder überwältigend war und bei dem Sie, wenn Sie daran denken, immer noch Anspannung oder Emotionen verspüren. Wenn Sie dies tun, wird der Körper sofort irgendeine Reaktion zeigen. Das ist die Energie der emotionalen Reaktion auf diese Situation. Das kann sich beispielsweise anfühlen wie ein Knoten oder wie ein Ball aus Energie in Ihrem Körper, der sogar schmerzhaft sein kann, oder auch wie eine Wolke oder eine Aura von Energie, die vom Körper ausstrahlt und den Sie umgebenden Raum ausfüllt.

Wenn sich die Energie im Körper selbst zeigt, dann sitzt sie häufig in der Nähe der Körpermitte, das heißt, im Solarplexus, im Bauch oder in der Brust. Natürlich kann sie sich auch an anderen Stellen bemerkbar machen, aber hier scheinen emotionale Energien aus der Vergangenheit am häufigsten gespeichert zu werden. Energien dieser Art sind in der Regel Kandidaten für die CORE-Technik, da es sich zumeist um nicht abgeschlossene Erfahrungen handelt.

Scheint das Energiefeld im Gegensatz dazu in den Raum um Sie herum auszustrahlen und Sie ganz zu umgeben, ist die SEE-Technik mit hoher Wahrscheinlichkeit die richtige Wahl. Manche Emotionen haben mehrere Komponenten, sodass Sie eventuell auch beide Techniken einsetzen müssen, um die Emotion vollständig aufzulösen.

Wenn Sie an etwas Belastendes oder an seelischen Schmerz denken und in Ihrem Körper oder um ihn herum *kein* Gefühl beziehungsweise *keine* Energie wahrnehmen können, dann versuchen Sie einfach, an etwas anderes zu denken, was *stärker* emotional aufgeladen ist. Menschen, die zu wahren Meistern im Verdrängen ihrer Gefühle geworden sind, sollten diesen Schritt mit besonderer Achtsamkeit durchführen.

Sofern das Ereignis, an das Sie gedacht haben, etwas Schmerzliches oder sogar Traumatisches aus Ihrer Vergangenheit betrifft, handelt es sich höchstwahrscheinlich um ein Energiefeld, das sich mit der CORE-Technik auflösen lässt und stärker im Körperinneren angesiedelt ist.

Wenn das von Ihnen gewählte Beispiel eher eine reaktive Emotion betraf, also entweder eine Reaktion auf eine nicht erfüllte Erwartung oder die Projektion des negativen Ausgangs einer Situation in der

Zukunft, dann ähnelt das resultierende Energiefeld wahrscheinlich eher einer Art von Energiewolke oder Aura um Sie herum und lässt sich am besten mit der SEE-Technik auflösen.

Manchen Menschen geschieht es recht häufig, dass sie von ihren Emotionen überwältigt werden, speziell wenn ein Trauma oder ein tiefer seelischer Schmerz noch sehr im Körper präsent ist. Auch hier sollte man besonders achtsam vorgehen. In dieser Situation muss man *ausprobieren und herausfinden*, wie sehr man sich mit seinem Bewusstsein in die Nähe des emotionalen Energiefelds begeben kann. Kommt man ihm zu nahe, kann man hineingesogen werden, was dazu führt, dass man unter der Wucht der Gefühle zusammenbricht, überwältigt wird und in Tränen ausbricht.

Eine Schulung auf dieser ersten Ebene der emotionalen Kompetenz, bei der es darum geht, die Energie von Emotionen im und am Körper zu spüren, bietet sich vor allem für all jene an, die entweder Probleme damit haben, das Spüren der emotionalen Energie überhaupt zuzulassen, oder die stark dazu neigen, sich in die emotionale Energie hineinzustürzen und sich von ihr überwältigen zu lassen. Wenn Sie einer dieser beiden Kategorien zuzuordnen sind, sollten Sie den *ersten* in der Reihe von 17 aufeinander aufbauenden Workshops besuchen, die Sie schließlich zum souveränen Umgang mit Emotionen befähigen. Dieser Workshop der ersten Stufe wird international von qualifizierten und zertifizierten HSE-Experten angeboten.

Wenn Sie nach Absolvieren dieses Workshops immer noch Schwierigkeiten haben, benötigen Sie eventuell Unterstützung durch einen zertifizierten *Human Software Engineer*. Sollte der Workshop nicht in Ihrer Nähe angeboten werden, können Sie ihn auch online, in Form eines aufgezeichneten Webinars, besuchen (oder sich generell für die Onlineversion entscheiden, wenn Ihnen das angenehmer ist). Einzelstunden bei einem zertifizierten *Human Software Engineer* können Sie auch in Form einer Videokonferenz unter Einsatz von Internetdiensten wie *Skype* oder *Google Hangouts* nehmen. Unter der Adresse www.humansoftwareengineering.com finden Sie Informationen zu den verschiedenen Möglichkeiten, Workshops und Einzelstunden zu belegen.

Wie Sie unnütze Emotionen vollständig auflösen

Sobald Sie die Konditionierung des Verdrängens von Emotionen beziehungsweise des Überwältigtseins von ihnen einmal hinter sich gelassen haben, können Sie zulassen, dass Sie die Energie von Emotionen in und an Ihrem Körper spüren. Dann sind Sie auch bereit, die CORE- und die SEE-Technik zu erlernen – die beiden Techniken zur Auflösung der verschiedenen Kategorien *nicht nützlicher Emotionen*. Im Folgenden finden Sie eine ausführliche Beschreibung dieser beiden Techniken.

Die CORE-Technik

Die CORE-Technik ist wirkungsvoll, unkompliziert und die beste Möglichkeit, die ich bislang gefunden habe, um unabgeschlossene oder überwältigende emotionale Erfahrungen aus der Vergangenheit zu einem Abschluss zu bringen. CORE steht für *Center Of Remaining Energy* (also etwa: *Zentrum der Restenergie*). Das Interessante an dieser Technik ist, dass wir hier das Gegenteil von dem tun, was normalerweise passiert. Aufgrund unserer Konditionierung bewegen wir uns ja stets von dem Ort *weg*, an dem die im Körper gespeicherte Energie des emotionalen Schmerzes am intensivsten ist. Bei Einsatz der CORE-Technik hingegen tauchen Sie in das Zentrum des intensivsten Teils der Energie einer nicht abgeschlossenen emotionalen Erfahrung ein.

Tatsächlich zuzulassen, dass man die Energie einer unabgeschlossenen Erfahrung voll emotionaler Intensität spürt, ist etwas ganz anderes als der simple Appell, „einfach mal seine Gefühle zu spüren". Es ist davon ungefähr so weit entfernt wie ein Laserstrahl vom Strahl einer Taschenlampe. Laserstrahlen können so leistungsstark sein, dass sie selbst hartes Material durchtrennen. Eine Taschenlampe hingegen kann zwar punktuell Licht in die Dunkelheit bringen, aber damit erschöpft sich ihre Leistung auch.

Wenn Sie versuchen, unvollständig verarbeitete, intensive emotionale Erfahrungen allein über das Wahrnehmen der Energie in

Ihrem Körper abzuschließen, wird der Prozess so langsam vor sich gehen, dass Sie in der Regel aufgeben werden, bevor das Ziel der kompletten Auflösung erreicht ist. Die CORE-Technik hingegen arbeitet eher wie ein Laserstrahl. Sie ermöglicht Ihnen, tief in das Herz des intensivsten Teils einer unvollständigen Erfahrung vorzudringen. So können Sie die dort gebundene Energie schnell und vollständig spüren und die zugehörige Erfahrung abschließen.

Stellen Sie sich einmal kurz vor, dass die Koffer, in denen Sie Ihren nicht verarbeiteten emotionalen Schmerz aus der Vergangenheit mit sich herumtragen, wie eine Energieschicht zwischen Ihnen und dem dauerhaften Zustand reiner Bewusstheit stehen. Diese Energieschicht ist wie eine dicke Lage Käse zwischen Ihnen und der reinen Bewusstheit. Immer, wenn Sie die CORE-Technik einsetzen, um eine intensive, unbewältigte emotionale Erfahrung abzuschließen, entsteht praktisch ein Loch in dieser Käseschicht, sodass sie sozusagen mehr und mehr zum Schweizer Käse wird. Der Plan ist also, so lange Löcher in den Käse zu bohren, bis es nur noch Löcher gibt und keinen Käse mehr. Dann kann die reine Bewusstheit ungehindert durchscheinen.

Sie können die CORE-Technik auf zweierlei Weise durchführen. Ich werde Ihnen beide Varianten vermitteln. Die erste eignet sich besonders gut für die ersten Gehversuche, bis Sie sich daran gewöhnt haben, den intensivsten Teil des Energiefeldes von Emotionen zu spüren. Haben Sie hierin schon etwas Übung erlangt, können Sie sich mit der zweiten Variante beschäftigen, bei der Sie sozusagen gleich ins Auge des Orkans springen. Sind Sie bereit? Dann lassen Sie uns mit der Beschreibung der ersten Variante beginnen.

Die erste Möglichkeit des Einsatzes der CORE-Technik

Machen Sie sich zunächst erneut bewusst, dass es sich bei den Energien, die wir mithilfe der CORE-Technik auflösen, um unabgeschlossene Erfahrungen aus der Vergangenheit handelt, die wir im

Moment des Geschehens selbst einfach nicht verarbeiten konnten. Dadurch ist im Körper noch ein Rest an emotionaler Energie gespeichert, der aufgelöst werden muss. Wenn wir hier davon sprechen, eine emotionale Erfahrung abzuschließen, dann hat dies mit der Situation selbst oder mit den zugehörigen Umständen nichts zu tun. Es geht hier nicht um eine Aufgabe, die gelöst werden muss, sondern vielmehr um das vollständige Erfahren des Restes an emotionaler Energie, der immer noch im Körper steckt. Die *Umstände*, die die erste Reaktion ausgelöst haben, spielen dabei keine Rolle, denn sie gehören längst der Vergangenheit an. Uns interessiert allein die ungelöste emotionale Energie, die aktuell in uns weiterlebt.

Bei Ihren ersten Gehversuchen mit der CORE-Technik kann es hilfreich sein, die Augen geschlossen zu halten. Lesen Sie also zunächst die nachfolgende Anleitung und schließen Sie dann zum Durchführen der Technik die Augen.

Der wirkungsvollste Weg zum Abschließen einer unvollständig verarbeiteten Erfahrung besteht darin, Ihre Aufmerksamkeit so stark wie möglich auf das Energiefeld zu richten, ihm aber andererseits nur so nahe zu kommen, dass Sie nicht überwältigt werden. Die Vorstellung, man habe einen Einfluss darauf, wie sehr man sich dem Energiefeld einer Emotion nähert, ist für viele Menschen neu. Die meisten von uns sind auf einen bestimmten Abstand fixiert.

*

Anleitung

Stellen Sie sich das Energiefeld als einen Ort auf einer Landkarte vor. Nehmen wir an, Sie würden sich diesen Ort mithilfe eines elektronischen Kartensystems wie beispielsweise *Google Maps* ansehen. Wenn Sie sich dem Energiefeld nähern, ist das so, als würden Sie im Programm auf das Pluszeichen klicken, um das Bild näher heranzuzoomen. Das Ziel besteht nun darin, sich so nahe heranzuklicken wie möglich, ohne von der Energie der Emotion überwältigt zu werden.

Um die Technik korrekt einzusetzen, müssen Sie lernen, wie Sie Ihr Bewusstsein auf den *optimalen* Abstand zum Energiefeld einstellen *und* gleichzeitig zulassen, dass Sie den *stärksten* Teil des Energiefelds wahrnehmen, also die Stelle, an der die Energie am intensivsten ist. In der Regel befindet sich dieser Punkt in der Mitte des Feldes. Sobald Sie den richtigen Abstand gefunden haben und den stärksten Teil des Energiefeldes einfach wahrnehmen, *gibt es nichts mehr zu tun!* Sie nehmen einfach nur wahr.

∗

Wenn Sie die CORE-Technik auf diese Weise einsetzen, tun Sie etwas, was vollkommen konträr zu Ihrer üblichen Vorgehensweise ist. Normalerweise richten wir unsere Aufmerksamkeit auf etwas, was so weit wie möglich vom intensiven Zentrum einer Emotion entfernt ist. Dadurch, dass Sie nun nicht nur Ihre Aufmerksamkeit auf das Energiefeld richten, sondern sogar noch näher heranrücken, erscheint es natürlich deutlich stärker als normal, denn in der Regel halten Sie sich ja so weit wie möglich von intensiven Emotionsenergien fern.

Wenn Sie die Technik zum ersten Mal einsetzen, werden Sie vor allem eines bemerken: Es bringt Sie nicht um! Zwar mag die Energie intensiv erscheinen, aber Sie werden feststellen, dass es Ihnen durchaus möglich ist, das Zentrum (den intensivsten Punkt) des Energiefeldes wahrzunehmen, und dass es weniger schwer ist, als Sie womöglich gedacht haben.

Die meisten Menschen erleben, dass das Energiefeld zunächst eine Weile sehr stark wirkt und sich an der Intensität kaum etwas zu verändern scheint. Wenn Sie jedoch einfach abwarten und damit fortfahren, den stärksten Teil des Energiefeldes wahrzunehmen, ohne etwas zu tun und ohne die Energie „weghaben" zu wollen, wird sie allmählich sanfter werden und an Intensität abnehmen. Sobald Sie ein Abnehmen der Energie wahrnehmen, besteht der nächste Schritt darin, mit Ihrer Aufmerksamkeit noch näher an die verbleibende Restenergie heranzurücken. Auch hier gehen Sie wieder ganz anders vor, als Sie es aufgrund Ihrer Konditionierung gewohnt sind.

Wenn Sie sich der Restenergie nähern, scheint sie wieder an Intensität zuzunehmen, obwohl die Gesamtenergie seit dem Beginn der Übung tatsächlich abgenommen hat. Es *scheint* nur so, als ob sie sich wieder verstärken würde – weil Sie sich ihr genähert haben. Auch diesmal wird die Intensität eine Weile unverändert bleiben, bevor sie erneut sanfter wird und weniger stark spürbar ist. Bringen Sie jedes Mal, wenn die Energie in ihrer Intensität nachlässt, Ihre Aufmerksamkeit noch näher an die Restenergie heran. Das tun Sie so lange, bis sich alles vollständig aufgelöst hat.

Wenn Sie die Energie der unvollständig verarbeiteten Erfahrung voll und ganz gefühlt haben und nichts mehr davon übrig ist, handelt es sich nicht mehr länger um eine unbewältigte Erfahrung, denn Sie haben sie soeben zu einem Abschluss gebracht. Glückwunsch, Sie haben die CORE-Technik zum ersten Mal erfolgreich eingesetzt!

Dadurch, dass Sie die Energie vollständig durchlebt haben, wird sich Ihr inneres Erleben ändern. Es wird sich so anfühlen, als ob sich die Energie verflüchtigt habe, ganz so wie Morgennebel, der von der Sonne aufgelöst wird. Danach finden Sie sich in einem weiten Raum der Stille wieder. Das ist reine Bewusstheit – der stille Hintergrund, vor dem Ihre Gedanken vorbeiziehen. Die Energie der unbewältigten Erfahrung trat ebenfalls vor diesem Hintergrund der Stille in Erscheinung – wir haben diesmal einfach nur einen anderen Weg gewählt, um dort anzukommen.

Es gibt eine ganze Reihe von Techniken, die Sie in den Zustand reiner Bewusstheit versetzen. Alle tun dies auf unterschiedliche Weise und in Abhängigkeit von der Ausgangssituation, die zum Einsatz der jeweiligen Technik führt. Was jedoch alle gemeinsam haben, ist das Erreichen des Zustands reiner Bewusstheit als Endziel.

Zwischen den Techniken, die Sie in einen Zustand reiner Bewusstheit versetzen, und den meisten anderen Techniken, die zur Persönlichkeitsentwicklung eingesetzt werden, besteht ein großer Unterschied. In einen Seinszustand zu gelangen, in dem keine Probleme existieren, ja, in dem sie gar nicht existieren *können*, ist eine beeindruckende Erfahrung. Löst man dazu im Rahmen des Prozesses auch noch Energiemuster auf, die am Erfahren reiner Bewusstheit hindern, so beseitigt man damit nicht nur das durch eine unnütze Emotion hervorgerufene Problem, sondern räumt auch ein generelles Hindernis auf dem Weg zum Erfahren reiner Bewusstheit aus. Auf diese Weise wird die reine Bewusstheit mit jedem Durchführen einer solchen Technik präsenter und zugänglicher.

Wegen dieser Wirkungen kommt den Techniken, die uns in einen Zustand reiner Bewusstheit versetzen, besondere Bedeutung zu. Der Einsatz dieser beeindruckenden Vorgehensweisen stellt aus meiner Sicht den schnellsten Weg dar, emotionale Kompetenz und Souveränität zu erlangen. (Wenn Sie sich ein Beispiel ansehen möchten, nämlich wie ein im Irak-Krieg traumatisierter Soldat angeleitet wird, die CORE-Technik einzusetzen, dann klicken Sie bitte den entsprechenden Videolink auf dieser Webseite an: http://www.humansoftwareengineering.com – Video in englischer Sprache)

Die zweite Möglichkeit des Einsatzes CORE-Technik

Ich möchte Ihnen dringend ans Herz legen, die erste Vorgehensweise zum Einsatz der CORE-Technik zehn bis zwanzig Mal durchzuführen, bevor Sie die nachfolgend beschriebene Variante ausprobieren. Manche Menschen können womöglich sofort damit arbeiten. Alle anderen aber sollten sich ausreichend Zeit lassen und Übung darin entwickeln, tatsächlich das intensive Zentrum der Energiemuster zu spüren, mit denen wir bei der CORE-Technik arbeiten.

Nachdem ich umfassende Erfahrungen mit dem Einsatz der CORE-Technik gesammelt hatte, fand ich heraus, dass jedes mit dieser Technik behandelte Energiefeld eine bestimmte Struktur hat, und zwar die eines Orkans. Wie Sie wahrscheinlich wissen, besitzt jeder Orkan etwas, was man auch als das „Auge des Orkans" bezeichnet und was genau in seiner Mitte liegt. Dieses Auge ist ein Wirbel, der von der Mitte des Orkans abwärts verläuft. Einige andere natürliche Phänomene weisen eine ähnliche Struktur auf, beispielsweise Windhosen oder auch der Wirbel, der entsteht, wenn man den Stöpsel zieht und das Badewasser ablaufen lässt.

Diese natürliche Struktur liegt jedem Energiefeld zugrunde, das wir mit der CORE-Technik bearbeiten. Wenn Sie der Oberseite eines solchen Energiefeldes nah genug kommen, können Sie dort in der Mitte eine kleine Öffnung entdecken (vgl. Foto). Bislang blieb dieses „Auge des Orkans", das in *jedem* emotionalen Energiefeld vorhanden ist, unentdeckt, denn wir sind ja alle gewohnheitsmäßig darauf getrimmt, uns von diesem Energiefeld wegzubewegen, statt uns ihm zu nähern. Also wusste bisher niemand, dass ein solcher Ort existiert. Dennoch stellt dieser Ort die Grundstruktur jedes mit der CORE-Technik zu bearbeitenden Feldes dar.

Bei der zweiten Einsatzmöglichkeit der CORE-Technik, sozusagen der Variante für Fortgeschrittene, nähern Sie sich so weit an das Energiefeld an, dass Sie die Öffnung oben am „Auge des Orkans" finden können. Dazu müssen Sie allerdings sehr nah herangehen. Manchmal ist die Öffnung nur sehr schmal. Aber je näher Sie kommen, desto größer wird sie.

*

Abbildung 3: Das „Auge des Orkans"

Anleitung

Sie nähern sich so weit an das emotionale Energiefeld an, dass Sie in diese Öffnung an der Oberseite des Wirbels eintauchen oder hineinspringen können. Sobald Sie sich im Inneren des Wirbels befinden, umfangen Sie Ruhe und Stille. Überall um sich herum sehen Sie die wirbelnde Energie der orkanartigen Struktur des Energiefeldes. Im Auge des Orkans jedoch herrschen stets Ruhe und Stille.

Lassen Sie sich nun in der Mitte des Wirbels nach unten schweben oder gleiten, bis Sie den Boden erreicht haben. In diesem Moment verändert sich Ihr Erleben, weil Sie die stille Weite reiner Bewusstheit betreten. Die Energie verflüchtigt sich, zieht ab und ist schließlich ganz verschwunden. Und sie kommt glücklicherweise auch nicht wieder. Die unvollständige Verarbeitung der betreffenden Erfahrung ist damit abgeschlossen worden und der Körper muss diese Energie nicht wieder aufs Neue aktivieren.

Während Sie innerhalb des Wirbels nach unten wandern, nehmen Sie die Energie des jeweiligen Feldes im Urmoment seiner Entstehung wahr. Die Energie manifestiert sich aus dem Zentrum des Wirbels heraus. An diesem Ort lässt sich die Essenz der Energie, die der Körper Ihnen zu vermitteln versucht, am leichtesten erfassen, das heißt, Sie erfahren die Essenz der erlebten Weisheit, die der Körper Ihnen vermitteln möchte. Das ist der schnellste und einfachste Weg, eine unvollständig verarbeitete Erfahrung abzuschließen, deren Energie noch im Körper gespeichert ist.

*

Sobald Sie einmal gelernt haben, die CORE-Technik auf diese zweite Art einzusetzen, wird es Ihnen meistens gelingen, die Öffnung oben am Auge des Orkans zu finden. Sollten Sie es einmal nicht schaffen, können Sie immer noch die erste Variante wählen. Beide Möglichkeiten sind gleich gut geeignet, um eine unvollständige Erfahrung abzuschließen. Allerdings führt die zweite Variante in der Regel schneller und leichter zum Ziel, also sollten Sie sie in jedem Fall ebenfalls erlernen.

Nachdem Sie eine der beiden Varianten der CORE-Technik eingesetzt haben, bietet es sich an, einen sogenannten Provokationstest durchzuführen. Mit seiner Hilfe können Sie überprüfen, ob Sie tatsächlich die gesamte Energie aufgelöst haben: Denken Sie an die Situation, die mit der bearbeiteten Emotion zusammenhing. Empfinden Sie beim Denken daran immer noch Schmerz? Oder gibt es eine andere Art von emotionaler Reaktion?

Hin und wieder finden sich noch Überbleibsel, vor allem am Anfang, wenn die CORE-Technik noch neu ist und gerade erst erlernt wurde. Das kommt daher, dass man sich häufig erst einmal auf das Wahrnehmen der Energie einlässt; sobald man sich aber etwas besser fühlt, schlägt die Konditionierung wieder durch und man denkt sich: „Okay, das reicht jetzt eigentlich." Dadurch wird der Prozess unterbrochen, bevor die Energie vollständig aufgelöst werden konnte. Aber es ist natürlich am besten, wenn Sie den Prozess ganz abschließen, denn: Linderung verspüren ist gut, die Energie vollständig auflösen ist besser.

Es kann auch vorkommen, dass *mehr als eine* Version der Energie in Ihrem Körper gespeichert ist: Zum einen kann die Energie zwar an derselben Stelle sitzen, aber in mehreren Schichten vorhanden sein. Zum anderen kann es passieren, dass die Energie, sobald Sie sie wahrnehmen, scheinbar anfängt zu wandern. Dass sie dies tatsächlich tut, ist allerdings eher unwahrscheinlich. Stattdessen verfügen Sie womöglich über eine Art von „Sicherheitskopie", die an anderer Stelle im Körper aufbewahrt wird (so, wie Sie für Ihre elektronischen Sicherheitskopien von Daten ja auch einen zweiten Datenträger verwenden).

Wenn Sie den Provokationstest durchführen und das Denken an die ursprüngliche Situation immer noch eine körperliche Reaktion hervorruft, dann sollten Sie die CORE-Technik so lange auf diese verbleibende Restenergie anwenden, bis keine Reaktion mehr erfolgt.

Die SEE-Technik

Im Vergleich zur CORE-Technik haben wir es bei der SEE-Technik mit ganz anderen Energiefeldern zu tun, denn hier nehmen Sie die Energie weniger als ein Gefühl in Ihrem Inneren wahr. Stattdessen scheint sie von Ihrem Körper auszustrahlen und Sie vollständig zu umgeben. Die Energiefelder reaktiver Emotionen haben nichts mit unbewältigten Erfahrungen gemein. Vielmehr handelt es sich bei ihnen um Energiemuster, die dadurch aktiviert werden, dass Sie sich selbst eine Geschichte zu einem bestimmten Thema erzählen. Und das läuft folgendermaßen ab:

Ihr Verstand erfindet eine Geschichte, bei der es entweder um eine Erwartung geht oder um eine auf die Zukunft bezogene negative Projektion. Diese Geschichte – und hier wird es interessant – existiert nur in Ihrem Kopf, nicht in der *realen* Welt. Aus diesem Grund können solche Geschichten auch nicht Wirklichkeit werden und Sie werden entweder in Ihren Erwartungen enttäuscht oder machen sich völlig unnötig Sorgen oder stehen Ängste aus, obwohl das Befürchtete niemals eintritt.

Bei den Emotionen, für die wir die SEE-Technik einsetzen, handelt es sich stets um emotionale Reaktionen auf diese Geschichten, die wir uns ausdenken. Wir malen uns aus, dass etwas Schlimmes passieren könnte, und erzeugen so die *Angst*, dass das Befürchtete tatsächlich passieren wird. Oder wir möchten unbedingt, dass etwas Bestimmtes in unser Leben tritt, und wenn das nicht passiert, sind wir verstimmt, wütend, enttäuscht, frustriert oder traurig. Mit der SEE-Technik können Sie alle diese Arten reaktiver Emotionen auflösen. Da es sich bei den Gefühlen um Reaktionen auf Geschichten handelt, die sich unser Verstand ausdenkt, könnte man sagen, dass alle reaktiven Emotionen illusorisch sind. Schließlich reagieren wir dabei emotional auf Dinge, die gar nicht existieren! Und wir verschwenden so jeden Tag eine Menge Lebensenergie.

Das intellektuelle Verstehen dessen, was Sie da machen, wird allerdings nichts daran ändern, dass Sie diese Geschichten erfinden und Reaktionen darauf durchleben. Das liegt daran, dass wir zutiefst darauf konditioniert sind, so zu handeln, denn wir sind in der Regel in einem Umfeld aufgewachsen, in dem dies gang und gäbe ist. Mittlerweile hat es sich uns tief eingeprägt. Glücklicherweise müssen Sie nicht länger in diesen nutzlosen, Energie raubenden Reaktionen verharren, denn die SEE-Technik eröffnet hier einen Ausweg.

*

Anleitung

Genau wie bei der CORE-Technik bietet es sich auch hier an, die Augen geschlossen zu halten. Zum Durchführen der SEE-Technik nehmen Sie zunächst die Stille im Hintergrund wahr. Dazu setzen Sie die GAP-Technik ein.

Sobald Sie den Zugang zur Stille gefunden haben, denken Sie an eine Erwartung, die sich nicht erfüllt hat und die immer noch emotionale Reaktionen hervorruft. Oder Sie denken an etwas Negatives, von dem Sie befürchten, es könne in der Zukunft eintreten. In beiden Fällen werden Sie eine Wolke oder Aura aus Energie spüren, die in den Raum um Sie herum ausstrahlt und Sie umgibt.

Sie beginnen, indem Sie einfach *zulassen*, dass Sie das Energiefeld spüren. Sobald dies der Fall ist, schauen Sie nach, wie groß das Feld ist. Dazu lassen Sie Ihr Gewahrsein in den Raum um Sie herum wandern, immer weiter und weiter, bis Sie das äußere Ende des Energiefeldes erreichen, hinter dem die Energie sich in der sie umgebenden Stille verliert.

Sobald Sie die Stille spüren, gehen Sie ein wenig weiter in sie hinein und entfernen sich ein Stück vom äußeren Rand des Energiefeldes. Dadurch wird der Unterschied zwischen dem Energiefeld und der Stille noch deutlicher.

Gehen Sie nun noch weiter in die Stille hinein. Entfernen Sie sich weit vom Energiefeld und begeben Sie sich tief in die reine Bewusstheit.

Nehmen Sie sich einen Moment Zeit, um wahrzunehmen, wie unermesslich und grenzenlos die Stille ist.

Werfen Sie nun einen Blick zurück auf das Energiefeld der reaktiven Emotion, in dem Sie sich ein paar Augenblicke zuvor noch befunden haben, und sehen Sie, was damit passiert. In den meisten Fällen werden Sie feststellen, dass es schrumpft, kleiner wird oder weniger Dichte aufweist.

An diesem Punkt gehen wir daran, den Nutzen, die Gültigkeit, die Relevanz und den Wert der Hintergrundgeschichte zu prüfen, die die Grundlage der reaktiven Emotion bildet. Ist die Geschichte wirklich in diesem konkreten Moment relevant? Sie werden feststellen, dass die Antwort stets „nein" lautet.

Helfen Ihnen diese Geschichte und die zugehörige emotionale Reaktion dabei, das Leben zu führen, das Sie sich wünschen? Wieder wird die Antwort „nein" sein.

Ist es sinnvoll, Lebensenergie in das Erzählen dieser Geschichte und das Hervorrufen der zugehörigen emotionalen Reaktion zu investieren? Sicherlich nicht. Gibt es einen Grund, diese Geschichte in Ihrem Leben zu behalten? Wieder lautet die Antwort „nein".

Haben Sie nach Beantwortung dieser Fragen das Gefühl, dass Sie nun eher die Möglichkeit haben, selbst zu entscheiden, ob Sie diese Geschichte behalten möchten oder nicht? Nun sollte die Antwort ein entschiedenes Ja sein.

An diesem Punkt können Sie sich einfach dafür *entscheiden*, die Geschichte fallen zu lassen. Dann lösen sich die Geschichte und jegliche verbleibende Energie Ihrer Reaktion darauf auf und versinken zurück in das Nichts, aus dem heraus Sie sie ursprünglich erschaffen haben.

Wenn die Energie sich aufgelöst hat, können Sie die Augen wieder öffnen.

*

Nachdem Sie mithilfe der SEE-Technik eine reaktive emotionale Energie aufgelöst haben, sollten Sie wieder einen Provokationstest durchführen. So können Sie sich vergewissern, dass Sie die gesamte Energie aufgelöst haben und sie nicht wiederkehrt. Ein solcher Test geht ganz einfach: *Denken* Sie einfach an das ursprüngliche Thema, das bei Ihnen eine reaktive Emotion ausgelöst hat. Prüfen Sie nach, ob mit diesem Thema immer noch eine emotionale Reaktion verbunden ist.

Bleibt eine Reaktion aus, haben Sie die SEE-Technik erfolgreich eingesetzt. Nehmen Sie hingegen noch einen Rest an Energie wahr, sollten Sie die SEE-Technik erneut für das verbliebene Energiefeld durchführen – so lange, bis Sie keine Reaktion mehr spüren.

5. Wie Sie belastende Emotionen und Probleme auflösen

Die nächste Stufe auf Ihrem Weg zum selbstbestimmten, gesunden Umgang mit Emotionen besteht darin, die CORE-und die SEE-Technik einzusetzen, um *Probleme und Belastungen* in Ihrem Leben aufzulösen. Dabei geht es vor allem darum, so viele positive Erfahrungen mit dem Einsatz dieser Techniken zu sammeln, dass sie ganz von selbst zu einem Teil Ihres Lebens werden beziehungsweise Ihnen in Fleisch und Blut übergehen.

Umgang mit negativen Gedanken

Zunächst einmal beschäftigen wir uns damit, wie Sie *negative Gedanken* loswerden können. Jedem negativen Gedanken liegt eine *nicht nützliche Emotion* zugrunde. Wenn wir demnach die Emotion auflösen, auf der das negative Denken basiert, tritt dieses nicht mehr auf. Anstatt bei einem bestimmten Thema negative Assoziationen zu bekommen, stehen Sie ihm dann neutral gegenüber. Die Vorgehensweise ist ganz einfach.

*

Anleitung

Begeben Sie sich mithilfe der bereits erlernten GAP-Technik in den Zustand reiner Bewusstheit.

Denken Sie in diesem Zustand an einen negativen Gedanken, den Sie öfter haben. Sie werden sofort die Energie der nutzlosen Emotion spüren, die dem negativen Gedanken zugrunde liegt.

Wenn Sie das Gefühl haben, dass die Energie sie *umgibt* und einschließt, lösen Sie sie mit der SEE-Technik auf. Scheint die Energie hingegen eher an einem bestimmten Punkt *in Ihrem Körper* angesiedelt zu sein, setzen Sie die CORE-Technik ein. Wenn die zunächst gewählte Technik nicht wirkt, versuchen Sie es einfach mit der anderen. Arbeiten Sie so lange daran, bis die Energie sich aufgelöst hat.

Denken Sie dann wieder an das Thema, das die negativen Gedanken hervorgerufen hat, und prüfen Sie, ob noch Reste an Negativität vorhanden sind. Wenn dies nicht der Fall ist, haben Sie die Technik korrekt eingesetzt und stehen dem Thema jetzt neutral gegenüber.

*

Wenn Sie sich gänzlich von negativen Gedanken befreien möchten, sollten Sie diese Techniken jedes Mal einsetzen, wenn ein negativer Gedanke auftaucht – so lange, bis die energetische Grundlage jedes negativen Gedankens vollständig aufgelöst ist und keinerlei negative Gedanken mehr auftauchen.

Auf diese Weise können Sie negatives Denken ausräumen und müssen sich nicht mehr damit herumplagen. Wahrscheinlich haben Sie bisher geglaubt, es sei ganz natürlich, negative Gedanken zu haben. Nun wissen Sie, dass es sich um ein konditioniertes Verhaltensmuster handelt, das unnötig ist und das Sie verändern können.

Wenn Sie die CORE- und die SEE-Technik jedes Mal einsetzen, sobald ein negativer Gedanke auftaucht, können Sie diese Gedanken ganz ohne „schädliche Nebenwirkungen" aus Ihrem Leben verbannen. Negative Gedanken nützen niemandem, denn sie bewirken nur eines: dass *Sie* sich schlecht fühlen und den Menschen um Sie herum in der Regel ebenfalls ungute Gefühle vermitteln. *Ohne* diese Gedanken können Sie das Leben weit besser genießen und werden zu einem positiv eingestellten Menschen, den jeder gerne um sich hat.

Umgang mit Ängstlichkeit und Depression

Im nächsten Schritt werden Sie lernen, wie Sie mit einer Vielzahl weiterer Emotionen auf bestmögliche Weise umgehen. Denn emotionale Kompetenz bedeutet ja nichts anderes als den souveränen Umgang mit allen unnützen Emotionen, die sich zeigen. Wir beginnen mit den Themen Ängstlichkeit und Depression.

Ängstlichkeit – der Tanz um den Kern der Angst

Da es sich bei Ängstlichkeit und Depression um reaktive Emotionen handelt, setzen wir hierbei in der Regel die SEE-Technik ein. Manchmal allerdings können bei diesen Emotionen sowohl SEE- als auch CORE-Energiefelder vorhanden sein. Das liegt beispielsweise daran, dass Ängstlichkeit in der Regel daraus resultiert, dass man ein mögliches negatives Ergebnis für die Zukunft annimmt – was Energiemuster erzeugt, die sich am besten mit der SEE-Technik auflösen lassen. Zusätzlich kann es nun sein, dass es in der Vergangenheit entsprechende schmerzliche Erlebnisse gab und Sie befürchten, so etwas könne in der Zukunft wieder eintreten. Somit liegt möglicherweise *sowohl* eine unbewältigte Erfahrung aus der Vergangenheit vor *als auch* eine reaktive emotionale Energie, die sich aus der Angst vor zukünftigen Geschehnissen speist.

Wenn ein Teil der Erfahrung von Ängstlichkeit auf unvollständig verarbeiteten Erfahrungen beruht, passiert es häufig, dass Menschen es so gut vermieden haben, das intensive Zentrum des Energiefeldes zu spüren, dass sie beim Anwenden der CORE-Technik zunächst gar kein Zentrum der Energie wahrnehmen können. Sie sind so routiniert darin geworden, diese Emotion zu umgehen, dass sie nicht *mehr* zulassen können, als ihren Randbereich zu spüren. Und genau diese Energie des Randbereichs eines „Angst-Energiefeldes" macht die Erfahrung von Ängstlichkeit aus. Deshalb beschreibe ich Ängstlichkeit auch als den „Tanz" rund um das Grundthema Angst.

Immer, wenn dies der Fall ist, bietet es sich an, eine besondere Variante der CORE-Technik einzusetzen, die sehr hilfreich ist und es

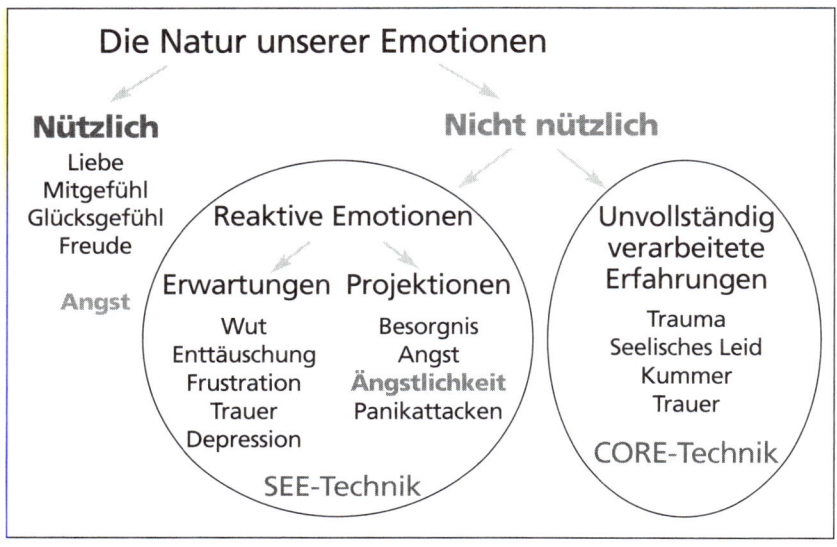

Abbildung 4

Ihnen ermöglicht, das Zentrum der Intensität zu finden, wie Sie das zum Einsatz der CORE-Technik brauchen.

Bei dieser besonderen Variante der CORE-Technik lassen Sie zu, dass Sie zunächst das *gesamte* Energiefeld spüren, einschließlich seiner Mitte. Normalerweise haben Sie es hier vermieden, das Zentrum wahrzunehmen, in dem die Energie am intensivsten ist.

Depression – der Tanz um den Kern der Traurigkeit

Bei Depressionen kann es sich ebenfalls um „gemischte" Energien handeln, auf die Sie die CORE- oder die SEE-Technik oder auch beide anwenden können. Auch hier ist möglicherweise die oben beschriebene Variante der CORE-Technik hilfreich, denn genau so, wie man bei Ängstlichkeit sozusagen um den heißen Brei der Angst herumtanzt, bewegt man sich bei Depression am äußeren Rand eines Kerns aus Traurigkeit.

Beispiel: Chronische Angst

Beth litt unter chronischer Angst. Zwar bezogen sich ihre Ängste durchaus auch auf konkrete Dinge wie ihre Gesundheit, ihre finanzielle Situation und ihre Kinder. Aber sie litt auch generell unter Ängstlichkeit. Im Grunde genommen sorgte sie sich ständig um das eine oder andere. Sie wollte keine Medikamente zur Behandlung von Angststörungen einnehmen, weil ihr bewusst war, dass sie damit im besten Falle die Symptome lindern würde. Beth wollte aber eine dauerhafte Lösung erreichen.

Ein Freund empfahl ihr die Teilnahme an einem Emotional-Mastery-Seminar, das sie schließlich im Sommer 2013 besuchte. Sie erlernte sowohl die SEE-Technik als auch die hier beschriebene spezielle Form der CORE-Technik. Der Erfolg war so durchschlagend, dass sie am Ende des ersten Seminartages ganz perplex war:

„Es fällt mir schwer, überhaupt noch Spuren von Ängstlichkeit zu entdecken", sagte sie. „Wie kann das denn so schnell verschwinden?" Zum ersten Mal seit langer Zeit lächelte sie wieder. Am Ende des zweiten Seminartages fühlte sie sich völlig frei von Ängsten. Gegen Jahresende schrieb sie mir eine Mail und berichtete, dass selbst die üblichen mit den Festtagen verbundenen Sorgen völlig verschwunden seien.

Öffnen Sie sich dafür, das *gesamte* Energiefeld der Traurigkeit zu spüren. Wie oben im Abschnitt über Ängste beschrieben, wagen Sie sich auch hier normalerweise nur in die Randgebiete vor. Nehmen Sie nun das gesamte Feld der Traurigkeit wahr, einschließlich des intensiven Zentrums. Dieses Zentrum, in dem die Emotion am intensivsten ist, wird sich Ihnen Stück für Stück zeigen, sodass Sie irgendwann zur CORE-Technik übergehen können. Und so setzen Sie die SEE-Technik für Traurigkeit ein:

Anleitung

Anstatt im Energiefeld der Traurigkeit stecken zu bleiben, bewegen Sie sich in die das Feld umgebende Stille. Tauchen Sie tief in diese Stille ein und öffnen Sie sich für ihre Weite und Grenzenlosigkeit. Nehmen Sie wahr, dass das Energiefeld der Depression schrumpft und schwächer wird.

Machen Sie sich nun bewusst, dass dieses Energiefeld eine Reaktion auf eine Geschichte ist, die im Hintergrund abläuft, eine Geschichte über eine unerfüllte Erwartung, die Ihnen zu schaffen macht. Werden Sie sich klar darüber, dass die Geschichte absolut nichts mit dem gegenwärtigen Moment zu tun hat, sondern dass es vielmehr um etwas geht, was in der Vergangenheit geschehen oder nicht geschehen ist.

Machen Sie sich bewusst, dass es nicht hilfreich ist, sondern vielmehr eine Verschwendung wertvoller Lebensenergie darstellt, diese Geschichte immer wieder hervorzuholen. Egal, wie oft Sie diese Geschichte auspacken – Ihre Erwartung wird im Nachhinein nicht erfüllt. Sie hilft Ihnen nicht dabei, das Leben zu führen, das Sie sich wünschen.

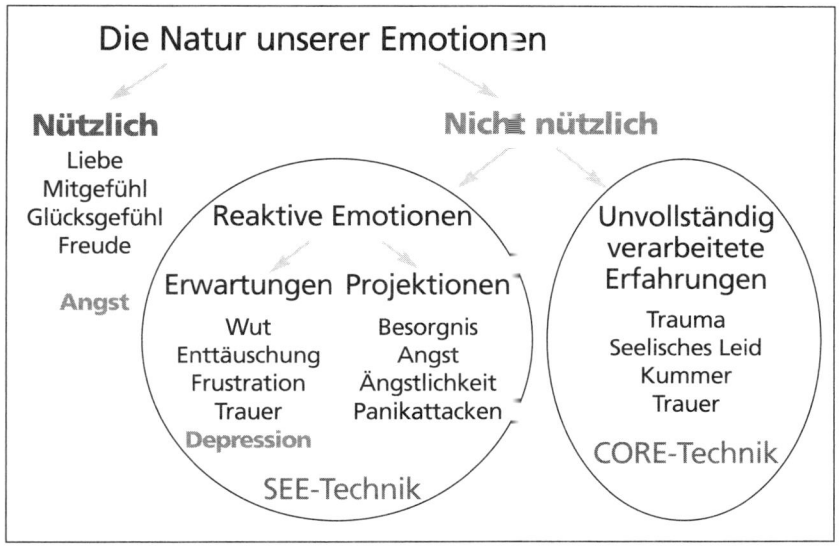

Abbildung 5

Spüren Sie, dass Sie nun die *Wahl* haben, ob Sie die Geschichte behalten möchten oder nicht. Wenn Sie sie nicht weiter mit Energie füttern, fällt sie in sich zusammen und verabschiedet sich.

*

In der Regel kehrt das spezifische, mit der jeweiligen Geschichte verbundene Gefühl der Niedergeschlagenheit oder Depression nicht wieder. Eventuell gibt es jedoch ähnliche Gefühle, die durch Traurigkeit aufgrund anderer nicht erfüllter Erwartungen verursacht wurden. Nun wissen Sie jedoch, wie Sie all diese Gefühle mithilfe der CORE- beziehungsweise mit der SEE-Technik auflösen können.

Beispiel: Depressionen nach langer Zeit verschwunden

Ich habe lange Zeit unter Depressionen gelitten. Es kommt mir fast so vor, als hätten sie mich mein Leben lang begleitet. Häufig kapselte ich mich von anderen ab und schaffte es nicht einmal, aus dem Bett aufzustehen. Und ich fragte mich, ob mein Leben überhaupt einen Sinn habe.

Als ich im Fernsehen einen Kriegsveteranen sah, dem Sie mit Ihrer Methode geholfen hatten, die Depression zu überwinden, die er nach dem Kriegseinsatz im Irak entwickelt hatte, dachte ich mir, einen Versuch sei es ja wert. Ich buchte also ein paar Sitzungen bei einem qualifizierten HSE-Berater und bin zutiefst erstaunt, dass ich nun seit drei Monaten keinerlei Anzeichen einer Depression mehr entdecken kann.

Es hat tatsächlich eine Weile gedauert, bis ich mich an das merkwürdige Gefühl gewöhnt hatte, nicht deprimiert zu sein, aber es ist eine große Erleichterung, sich endlich „normal" zu fühlen! Es hat mein Leben grundlegend verändert und ich kann Ihnen nicht genug dafür danken, dass Sie diese erstaunlichen Techniken entwickelt haben.

Lisa M. – Los Angeles, Kalifornien

Umgang mit Enttäuschung, Wut und Frustration

Die nächste Etappe auf Ihrem Weg zum Meistern von Emotionen ist das Anwenden der SEE-Technik zum Auflösen von Enttäuschung, Wut und Frustration.

Enttäuschung, Wut und Frustration treten meistens dann ein, wenn unsere Erwartungen nicht erfüllt werden. Als reaktive Emotionen lassen sie sich in der Regel am besten mit der SEE-Technik behandeln. Natürlich kann jede Emotion *verschiedene* Energien beinhalten, beispielsweise in Form von unbewältigten Erfahrungen, die mit ihr verbunden sind. Beginnen wir doch einfach damit, zunächst einmal jede Art von Enttäuschung aufzulösen, an die Sie sich erinnern können. Es geht also um Gefühle der Enttäuschung, die Sie immer noch spüren können, wenn Sie an die Situation denken, die die Enttäuschung ursprünglich ausgelöst hat.

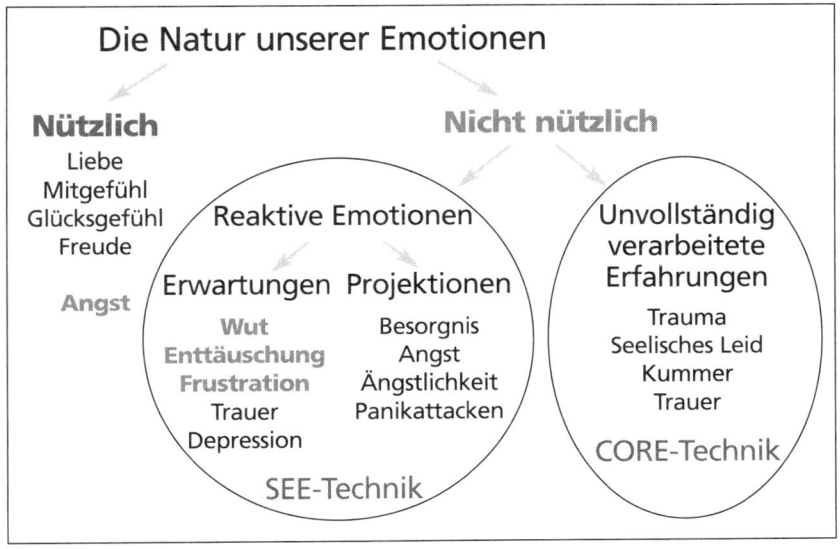

Abbildung 6

Auflösen *bewusster* Enttäuschungen

Beginnen Sie, indem Sie sich mithilfe der GAP-Technik in den Hintergrund von Stille begeben. Sobald Sie die Stille spüren, denken Sie an ein Thema, das bei Ihnen auch heute noch Enttäuschung hervorruft. Sie werden dann die Energie der Enttäuschung spüren können. In der Regel handelt es sich um ein Energiefeld, das sich gut mit der SEE-Technik bearbeiten lässt.

Die Energie strahlt vom Körper aus und erzeugt eine große Energiewolke oder energetische Aura, die Sie umgibt. Beginnen Sie nun mit dem Einsatz der SEE-Technik.

Nehmen Sie einfach wahr, wie groß das Energiefeld ist. Dazu gehen Sie mit Ihrer Aufmerksamkeit immer weiter in den Raum um Sie herum, auf der Suche nach dem äußeren Rand des Energiefeldes, an dem die Energie schwächer wird und sich in der umgebenden Stille verliert.

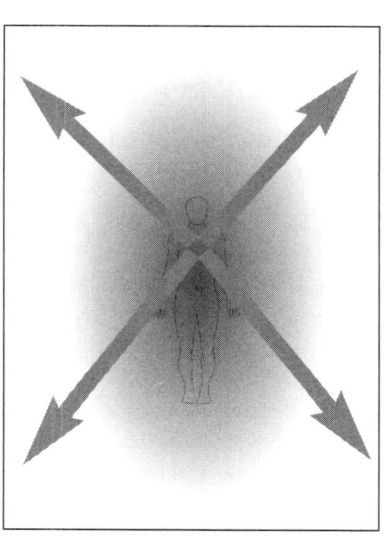

Abbildung 7

Bewegen Sie sich nun noch ein wenig weiter in die Stille hinein. Das tun Sie, indem Sie einfach nur den Bereich der Stille wahrnehmen, der ein Stück weiter vom Energiefeld entfernt ist. So können Sie den Unterschied zwischen Stille und Energiefeld deutlicher erkennen.

Tauchen Sie dann tief in die Stille ein, weit weg vom Energiefeld. Öffnen Sie sich für ihre Weite und Grenzenlosigkeit.

*

Was passiert mit dem Energiefeld der Enttäuschung, wenn Sie von hier aus (aus der Weite der Stille) zurückblicken? In der Regel werden Sie die Erfahrung machen, dass es schrumpft und schwächer wird.

Machen Sie sich bewusst, dass die Enttäuschung eine Reaktion auf eine unerfüllte Erwartung ist. Etwas ist nicht so abgelaufen, wie Sie es sich vorgestellt hatten. Die Erwartung war eine *Geschichte*, die Sie sich ausgedacht hatten und in der es darum ging, wie Sie sich das Leben vorstellen. Aber das Leben hatte leider andere Pläne und Ihre Reaktion darauf war Enttäuschung.

Nun ist es an der Zeit, die Relevanz und Stichhaltigkeit ebenso wie den Wert und den Nutzen dieser Geschichte zu untersuchen. Ist die Geschichte in diesem Moment wirklich relevant? In der Regel geht es in ihr um die Vergangenheit. Also lautet die Antwort „nein". Und hilft sie Ihnen dabei, das Leben zu führen, das Sie sich wünschen? Normalerweise nicht.

Stellt es eine gute Investition Ihrer Lebensenergie dar, diese Geschichte und die dazu gehörige Reaktion zu kreieren und am Leben zu halten? Wohl kaum. Nun, wenn diese Geschichte Ihnen weder dabei hilft, das gewünschte Leben zu leben, noch eine sinnvolle Nutzung Ihrer Lebensenergie darstellt, dann ist die „Rendite" nicht besonders gut und Sie könnten Ihre Lebensenergie genauso gut zum Fenster hinauswerfen.

Haben Sie das Gefühl, nun eher selbst entscheiden zu können, ob Sie diese Geschichte weiterhin kreieren möchten oder nicht? Die meisten Menschen empfinden dies so, denn wenn man von außerhalb des Energiefeldes daraufschaut, nimmt man die gesamte Situation auf andere Weise wahr, als wenn man in ihm gefangen ist. Nun wird deutlich, dass das Gefühl der Enttäuschung eine Reaktion auf eine Geschichte ist, die Sie erfunden haben. Die Geschichte gab es immer nur in Ihrem Kopf, nicht im wahren Leben.

Durch diesen neuen Blickwinkel fällt es Ihnen relativ leicht, sich von der Geschichte zu verabschieden. Ziehen Sie einfach den Stecker – und die Geschichte sowie die verbleibende Energie der Enttäuschungsreaktion fallen in sich zusammen und lösen sich in dem Nichts auf, aus dem heraus Sie die Geschichte und die zugehörige Reaktion ursprünglich erschaffen haben.

Provokationstest für SEE-Technik-Energien

Es bietet sich immer an, zu überprüfen, ob die gesamte Energie tatsächlich aufgelöst wurde. Dazu führen Sie einen Provokationstest durch: *Denken* Sie einfach an das Thema, das die Enttäuschung ausgelöst hat, und prüfen Sie, ob noch ein Rest an Enttäuschung übrig ist.

Wenn Sie noch einen Rest an Energie entdecken, setzen Sie erneut die SEE-Technik ein, um ihn aufzulösen. Führen Sie den Provokationstest so lange immer wieder durch, bis keine Energie mehr vorhanden ist.

Provokationstest für CORE-Technik-Energien

Manchmal wurde eine Enttäuschung durch etwas verursacht, was emotional schmerzhaft oder traumatisch war. In diesem Fall werden Sie bei Durchführung des Provokationstests die Energie des verbleibenden seelischen Schmerzes in Ihrem Inneren spüren. Das fühlt sich dann an wie ein Knoten oder ein Ball aus Energie im Körper. Das Gefühl zeigt sich am ehesten irgendwo in der Körpermitte, also beispielsweise im Solarplexus, in der Brust, im Bauch oder in der Kehle. Es kann aber auch an anderen Körperstellen auftreten.

Wenn Sie beim Durchführen des Provokationstests diese Art von Energie wahrnehmen, steigen Sie auf die CORE-Technik um. Führen Sie auch hier den Provokationstest so lange durch, bis keine Energie mehr spürbar ist.

Auflösen *unbewusster* Enttäuschungen

Nachdem Sie alle Ihnen bewussten Enttäuschungen bearbeitet haben, können Sie prüfen, ob es auch solche gibt, die Ihnen mittlerweile nicht mehr bewusst sind. Es ist durchaus möglich, dass noch einige Energien aus Enttäuschungen vorhanden sind, die schon sehr lange zurückliegen. In solchen Fällen ist zwar das Gefühl der Enttäuschung noch da, aber Sie haben meist völlig vergessen, weswegen Sie ursprünglich enttäuscht waren. Zum Erreichen der Energie *unbewusster* Enttäuschungen können Sie die GPS-Technik einsetzen. So funktioniert es.

Setzen Sie zu Beginn die GAP-Technik ein, um zur Stille im Hintergrund zu gelangen, zu Ihrer reinen Bewusstheit. Wenn Sie dort angekommen sind, bitten Sie Ihren Körper, Ihnen anzuzeigen, wo sich noch Energie befindet, die mit Enttäuschungen zu tun hat. Darauf wird er sofort reagieren, indem er Ihnen das Energiefeld zeigt, in dem alle „Enttäuschungsenergie" steckt, die noch in Ihnen vorhanden ist.

Wechseln Sie nun zur SEE-Technik und prüfen Sie, wie groß das Energiefeld ist. Finden Sie seine äußere Begrenzung und die es umgebende Stille. Sobald Sie in der Stille angekommen sind, bewegen Sie sich noch ein wenig weiter hinein. Dadurch wird Ihnen der Unterschied zwischen der Energie des Feldes und der Stille stärker bewusst.

Wenn sich die Energie aufgelöst hat, setzen Sie erneut das GPS-System ein, um zu prüfen, ob es noch Energiereste gibt. Manchmal kann die Energie in mehreren Lagen vorhanden sein oder Sie verfügen möglicherweise über mehrere „Sicherungskopien".

Wenden Sie weiterhin die CORE- beziehungsweise die SEE-Technik an, bis alle Energien – bewusste und unbewusste – aufgelöst sind, die mit Enttäuschung zu tun haben. Setzen Sie Ihr internes GPS-System so lange ein, bis Sie zweimal nachgefragt haben und beide Male keinerlei Reaktion mehr bekommen. Dann können Sie ziemlich sicher sein, dass Sie alle mit Enttäuschung zusammenhängenden Energien aufgelöst haben und diese nicht wiederkommen.

Bewusste und unbewusste Wut

Das Verfahren zum Auflösen dieser Energien ist immer gleich, egal, ob es sich um unbewusste oder bewusste Wut handelt. Beginnen Sie bei bewusster Wut, indem Sie Erinnerungen hervorholen, die bei Ihnen immer noch ein Gefühl der Wut erzeugen. Auch hier werden

Sie vornehmlich mit der SEE-Technik arbeiten, wobei Wut natürlich auch Komponenten aus unvollständig verarbeiteten Erfahrungen in sich tragen kann, beispielsweise dann, wenn die ursprüngliche Situation, die in Ihnen immer noch Wut hervorruft, traumatische oder besonders schmerzliche Komponenten beinhaltet.

Denken Sie daran, mithilfe der GPS-Technik zu überprüfen, ob Sie die gesamte Energie erfasst haben. Beginnen Sie wie immer mit den Dingen, bei denen Sie sich der Wut bewusst sind, und prüfen Sie dann nach, ob es noch weitere Energien gibt, die mit Wut verbunden sind, auch wenn Sie sich nicht bewusst an die Auslöser erinnern können.

Fragen Sie immer wieder nach, wo noch mit Wut verbundene Stellen im Körper sind, bis Sie auf zweimaliges Nachfragen keinerlei Reaktion mehr erhalten.

Bewusste und unbewusste Frustration

Frustration stellt sich in der Regel ein, wenn Erwartungen wiederholt nicht erfüllt wurden. Dabei kann es sich um die gleiche Erwartung oder auch um unterschiedliche handeln. Gehen Sie genauso vor wie beim Auflösen bewusster und unbewusster Enttäuschung oder Wut. Beginnen Sie bei den Dingen, an die Sie sich erinnern und die Sie immer noch frustrierend finden. Wenn Sie diese bearbeitet haben, nutzen Sie die GPS-Technik, um Restenergien an Frustration zu finden, die sich noch in Ihrem Körper oder um ihn herum befinden, ohne dass Sie genau wissen, was die Frustration ursprünglich ausgelöst hat.

Indem Sie alles auflösen, was auf bewussten und unbewussten Gefühlen der Enttäuschung, Wut und Frustration beruht, räumen Sie grundlegend mit diesen Energien auf, die Sie – zum Teil schon seit geraumer Zeit – mit sich herumgetragen haben. Wenn wir viele Energiefelder im Körper haben, die auf *nicht nützliche Emotionen* zurückzuführen sind, können sich diese angesammelten Energien irgendwann in Form organischer Erkrankungen zeigen – sofern sie nicht aufgelöst werden.

Sie werden sich in jedem Fall glücklicher und leichter fühlen, nachdem diese Energien sich verabschiedet haben. Meist ist uns gar nicht bewusst, wie viele solcher Energien wir in uns toleriert haben. Wir haben uns so sehr an sie gewöhnt, dass wir es für normal gehalten haben. Von daher werden Sie erstaunt und begeistert sein, wie viel klarer und besser Sie sich fühlen, nachdem Sie alle diese nutzlosen emotionalen Energien ausgeräumt haben.

Umgang mit Kummer und Trauer

Kummer und Trauer sind normalerweise Reaktionen auf unerfüllte Erwartungen, die für uns von hoher Bedeutung sind. Sie können daher mit sehr großen Energiefeldern verbunden sein, die vor allem auf die SEE-Technik ansprechen. Da es sich aber zugleich um sehr schmerzhafte Gefühle handelt, ist die Basis der Emotion gewöhnlich eine Energie, die am besten mit der CORE-Technik zu bearbeiten ist. Die Verarbeitung dieser Erfahrung ist zum betreffenden Zeitpunkt

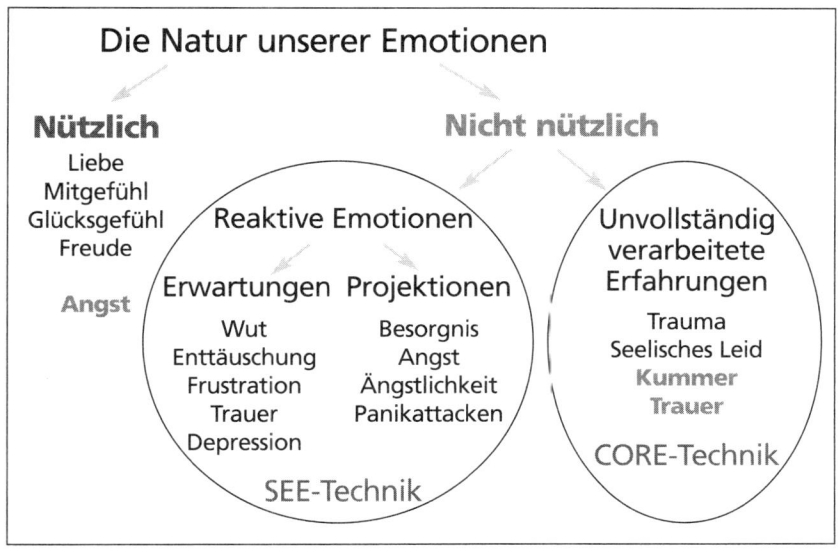

Abbildung 8

unvollständig geblieben, weil der Schmerz des Verlustes in diesem Moment zu groß war, um verarbeitet zu werden.

Unabhängig davon, ob es sich bei dem Verlust um eine Trennung vom Partner oder um den Verlust einer geliebten Person durch deren Tod handelt, sollten wir zunächst mit der CORE-Technik beginnen.

Zunächst möchte ich eines klarstellen: Die Vorstellung, dass man *sehr lange* brauche, um Kummer und Trauer seelisch zu bewältigen, resultiert aus unserer emotionalen Inkompetenz. In Wahrheit ist dies keineswegs der Fall.

Beispiel: Trauer bewältigen

Im Oktober 2013 hielt ich in London einen Workshop ab und erwähnte, dass die durchschnittliche Trauerzeit nach Meinung von Experten bei vier bis fünf Jahren liege. Eine Teilnehmerin erzählte daraufhin, dass ihre Mutter zu Beginn des Jahres gestorben sei; sie selbst sei aber bereits über ihre Trauer hinweg. Ich bat sie, zu berichten, wie sie das angestellt habe. Sobald sie ansetzte, darüber zu sprechen, brach sie in Tränen aus. Ganz offensichtlich war da noch eine Menge Schmerz. Wir setzten gemeinsam die CORE-Technik ein und danach konnte sie offen über ihre Mutter sprechen, ohne Kummer und Leid zu verspüren.

Wenn Sie lernen, Kummer und Trauer aufzulösen, kann dies eine enorme Befreiung von seelischem Leid bedeuten. Auch hier beginnen wir wieder mit den noch nicht vollständig verarbeiteten Energien von Kummer und Trauer, an die Sie sich gut erinnern können. Dann gehen wir zu den unbewussten über. Hierbei müssen Sie wiederum nicht genau wissen, woher der Kummer stammt, dessen Energie sich in Ihrem Körper befindet, denn mit der GPS-Technik können wir die entsprechenden Energiefelder leicht finden und auflösen.

Auflösen *bewussten* Kummers

Beginnen Sie, indem Sie sich mithilfe der GAP-Technik in den „Raum der Stille" begeben, der den Hintergrund für Ihre Gedanken bildet. Sobald Sie in der Stille angekommen sind, denken Sie an eine Situation, die Ihnen das Herz gebrochen hat. Sie werden die Energie des alten unaufgelösten Schmerzes spüren, der daraus resultiert. Es handelt sich in der Regel um eine Energie, auf die Sie die CORE-Technik anwenden sollten.

In der Regel werden Sie die Energie im Körperinneren wahrnehmen können, häufig in der Herzregion oder im Herzchakra. Sie kann sich aber auch an einer anderen Stelle bemerkbar machen. Beginnen Sie dann mit der CORE-Technik. Richten Sie Ihre Aufmerksamkeit stärker auf das körperliche Gefühl, das dem Energiefeld des Schmerzes und Kummers entspricht. Stellen Sie fest, wo das Gefühl am intensivsten ist. Dort befindet sich in der Regel das Zentrum des Energiefeldes.

Das Gefühl von Herzschmerz oder tiefem Kummer kann zuweilen sehr stark sein, auch wenn das auslösende Erlebnis schon lange zurückliegt. Der Schlüssel zum erfolgreichen Auflösen der Energie liegt darin, sich so nahe wie möglich an den Schmerz heranzubewegen, ohne sich von ihm überwältigen zu lassen. Es passiert schon einmal, dass man in die Energie hineingerät, von ihr überwältigt wird und in Tränen ausbricht. Entfernen Sie sich in diesem Fall einfach ein Stück von dem Energiefeld. Das ist völlig in Ordnung, denn es bringt uns ja nicht weiter, wenn wir in dem emotionalen Schmerz versinken. Darin sind wir alle ziemlich gut, aber es hilft uns nicht dabei, den Schmerz dauerhaft zu überwinden.

Der Schlüssel dazu ist also das Herausfinden des optimalen Abstands zum Energiefeld. Sie erkennen ihn daran, dass Sie den Schmerz tatsächlich fühlen können, ihm aber nicht so nahe sind, dass Sie von ihm überwältigt werden. Wenn Sie davon überwältigt zu werden drohen, gehen Sie einfach ein Stück weiter zurück – so weit, bis Ihnen keine Tränen mehr kommen. Richten Sie zusätzlich Ihre gesamte Aufmerksamkeit auf das Zentrum des emotionalen Energiefeldes.

Nehmen Sie dazu einfach den Energiebereich wahr, der am stärksten ist. In der Regel liegt er in der Mitte des Feldes. Bleiben Sie mit Ihrer Aufmerksamkeit in diesem Bereich. Zunächst wird es sich so anfühlen, als würde das Gefühl dadurch zusätzlich intensiviert. Das kommt daher, dass Sie sich stärker als normal dafür öffnen, die Energie zu spüren. Die gewohnte Reaktion auf das Spüren solch intensiven Schmerzes besteht ja darin, entweder von ihm überwältigt in Tränen auszubrechen oder ihn so weit wie möglich von sich wegzuschieben.

Wenn Sie den richtigen Abstand gefunden haben und den intensivsten Teil des Feldes einfach nur wahrnehmen, bleibt die Intensität eine Zeit lang mehr oder weniger unverändert. Aber nach und nach wird sie sich sanfter anfühlen. Sobald dies der Fall ist, richten Sie Ihre Aufmerksamkeit auf das, was noch von dem Energiefeld übrig ist. Suchen Sie auch hier wieder nach dem Zentrum, in dem das Gefühl am intensivsten ist.

Das wiederholen Sie so lange, bis Sie das Energiefeld so gründlich wahrgenommen haben, dass nichts mehr davon übrig ist. In diesem Moment löst es sich auf und kehrt nicht wieder zurück.

Provokationstests für CORE-Technik-Energien

Auch wenn Sie das Gefühl haben, dass die Energie sich vollständig aufgelöst hat, sollten Sie zur Sicherheit noch den Provokationstest durchführen: *Denken* Sie dazu einfach an die Situation, die das Gefühl des Kummers verursacht hat, und prüfen Sie, ob noch ein Rest an Schmerz vorhanden ist. Finden Sie noch restliche Energie, dann setzen Sie erneut die CORE-Technik ein, um sie aufzulösen. Führen Sie den Provokationstest so lange durch, bis keine Reaktion mehr erfolgt.

Provokationstest für SEE-Technik-Energien

Manchmal bildet der Schmerz, der durch großen Kummer hervorgerufen wird, die Grundlage für die Angst davor, erneut einen solchen Kummer durchleiden zu müssen. Das kann beispielsweise Menschen davon abhalten, eine neue Beziehung einzugehen, weil die Angst vor erneutem Liebeskummer einfach zu groß ist.

In einem solchen Fall liegt eine Projektion vor, also die Annahme eines negativen Ausgangs in der Zukunft. Das erzeugt in der Regel ein Energiefeld, das mit der SEE-Technik bearbeitet werden sollte. In diesem Fall nehmen Sie beim Provokationstest eine Wolke oder Aura aus Energie wahr, die vom Körper ausstrahlt und Sie gänzlich einhüllt.

Setzen Sie die SEE-Technik ein, um dieses Energiefeld aufzulösen. Dazu nehmen Sie zunächst wahr, wie groß das Feld ist. Finden Sie die Stelle, an der die Energie schwächer wird und sich in der sie umgebenden Stille verliert.

Tauchen Sie nun tief in die Stille ein, weit weg vom Energiefeld, und öffnen Sie sich für die unermessliche Weite und Grenzenlosigkeit der Stille. Was passiert, wenn Sie aus dieser Position heraus zurückblicken auf das Energiefeld der Angst davor, erneut ein gebrochenes Herz zu haben?

Machen Sie sich bewusst, dass die Energie der Angst eine Reaktion auf eine Geschichte ist – die Projektion eines möglichen negativen Ausgangs in der Zukunft. Sie können dann klar erkennen, dass Sie sich selbst eine Geschichte darüber erzählen, dass Sie erneut Kummer erleiden werden. Natürlich ist dies nicht ausgeschlossen. Aber es hat für den gegenwärtigen Moment keinerlei Bedeutung. Es hält Sie womöglich davon ab, sich auf einen potenziellen Partner einzulassen, und das ist nun wahrhaftig keine gute Lösung. Denn so verpassen Sie die Chance, eine liebevolle und glückliche Beziehung zu erleben.

Das Problem speziell bei Liebeskummer besteht darin, dass wir uns häufig *identifizieren* mit der Erfahrung, in einer Beziehung mit einer anderen Person zu sein. Dann fühlt es sich irgendwann so an, als sei der andere ein Teil von uns. Wenn die Beziehung dann scheitert, glaubt man, einen Teil seiner selbst verloren zu haben. Was Sie jedoch in Wahrheit verloren haben, ist „nur" die *Geschichte*, dass die Dinge mehr oder weniger unverändert weitergehen. Der Schmerz wird allein durch die Tatsache verursacht, dass diese Geschichte nicht Wirklichkeit wird.

Auflösen *unbewussten* Kummers

Nachdem Sie allen *bewussten* emotionalen Schmerz, der aus Gram oder Kummer resultierte, aufgelöst haben, können Sie überprüfen, ob es noch verbleibende *unbewusste* Energien gibt. Setzen Sie die GPS-Technik ein, um Stellen aufzuspüren, an denen unbewusste „Kummerenergien" sitzen. Dazu begeben Sie sich mithilfe der GAP-Technik in den bekannten Raum der Stille hinter Ihren Gedanken. Dort angekommen bitten Sie Ihren Körper, alle Energien zu finden, die mit Kummer beziehungsweise Liebeskummer zu tun haben. Ihr Körper wird Ihnen dann das entsprechende Energiefeld zeigen, falls sich noch solche Energien in Ihrem System befinden.

Beispiel: Vom Freund verlassen

Als mein Freund mich verließ, war ich am Boden zerstört. Ich kam über den Kummer einfach nicht hinweg, fühlte mich abgewiesen und nicht liebenswert.

Dann zeigte Tom mir, wie ich den Schmerz dauerhaft auflösen konnte. Es hat mich vollkommen verblüfft, dass ich auf einmal keinerlei Schmerz mehr fühlte und bereit war, die Erfahrung hinter mir zu lassen. Ich danke Tom von ganzem (schmerzfreiem) Herzen!

Michelle (London, Großbritannien)

Gehen Sie zur CORE-Technik über und setzen Sie sie wie bereits zuvor ein, um das Energiefeld des Kummers aufzulösen. Ist die Energie verschwunden, prüfen Sie erneut mit der GPS-Technik, ob noch Reste vorhanden sind. Machen Sie weiter, bis Sie alle bewussten und unbewussten Kummerenergien aufgelöst haben. Setzen Sie so lange immer wieder die GPS-Technik ein, bis Sie auf zweimaliges Nachfragen keine Reaktion mehr bekommen. Sie können dann sicher sein, alle Energien dieser Art aufgelöst zu haben.

Auflösen bewusster und unbewusster Trauer

Wenn etwas geschieht, was Trauer verursacht, ist es nicht ungewöhnlich, dass Menschen diese erst nach Jahren auflösen. Dabei müssen wir Trauer oder Kummer gar nicht so lange mit uns herumtragen. Wenn manche Menschen lange Zeit trauern, dann deswegen, weil sie nicht wissen, wie man unbewältigte Erfahrungen auflöst. Insofern zeigt sich auch hier wieder unser Mangel an emotionaler Kompetenz.

Wichtig: Wenn Sie aufhören zu trauern, bedeutet das nicht, dass Sie die Person, deren Verlust Sie zu beklagen haben, nicht geliebt haben! Sicher würde der Verstorbene selbst nicht wollen, dass Sie ein halbes Leben lang leiden. Lange um jemanden zu trauern ist kein Zeichen Ihrer Liebe für eine Person, sondern zeigt vor allem, dass Sie – psychologisch betrachtet – nicht über die nötige emotionale Kompetenz verfügen, um mit Ihrer Trauer in gesunder Weise umzugehen.

Gehen Sie beim Auflösen bewusster und unbewusster Trauer genauso vor wie beim Auflösen von Kummer. Setzen Sie die GPS-Technik ein, um sicherzustellen, dass Sie die gesamte Trauerenergie aus Ihrem „System" entfernen. Dann werden Sie sich um einiges besser fühlen.

Beispiel: Verlust eines Kindes

Im Rahmen eines Seminars in Neuseeland fragte Joanne, ob man die HSE-Techniken auch für Trauer einsetzen könne. Als ich dies bejahte, fing sie an zu weinen. Ich sagte ihr, sie habe wahrscheinlich schon sehr oft wegen der Erfahrung geweint, deretwegen sie traure. Aber nun gebe es eine neue Möglichkeit, damit umzugehen. „Warum lösen wir diese alte Trauer nicht auf?", schlug ich vor. Sie nickte zustimmend und ich leitete sie mit der CORE-Technik dazu an, die Energie aufzulösen. Das Ganze dauerte 40 Minuten, denn der Schmerz saß an verschiedenen Stellen in ihrem Körper.

Als wir fertig waren, fragte ich sie, ob sie uns vielleicht erzählen wolle, worum sie so lange und intensiv getrauert habe. Sie berichtete, dass sie vor 15 Jahren mit dem Auto unterwegs gewesen sei und einen schrecklichen Unfall gehabt habe, bei dem ihre dreijährige Tochter ums Leben gekommen sei. Sie habe schon so vieles versucht, um den Schmerz dieses Verlustes zu überwinden, aber bislang habe nichts geholfen. Nachdem sie dies erzählt hatte, lächelte sie und sagte, das Einzige, was sie *nun* noch bei dem Gedanken an ihre Tochter spüre, sei die große Liebe zu ihr.

Identifizieren und Auflösen weniger offensichtlicher Emotionen

Das Erlernen der CORE- und der SEE-Technik und ihre Anwendung auf Emotionen, mit denen Sie leicht in Kontakt kommen, ist ein wichtiger Schritt auf dem Weg zur Entwicklung emotionaler Kompetenz. Aber für den wirklich souveränen Umgang mit Emotionen gilt es, noch einige weitere Stufen emotionaler Kompetenz zu meistern. Als Nächstes möchte ich Ihnen zeigen, wie Sie die Energien nicht aufgelöster oder reaktiver Emotionen in den Griff bekommen, an deren Inhalte Sie sich nicht mehr erinnern beziehungsweise deren Vorhandensein Sie sich nicht erklären können. Das Auflösen dieser Energien ist wichtig, wenn wir unsere emotionale Landschaft gründlich bereinigen und aufräumen möchten.

Zu den wichtigsten Kategorien dieser tief vergrabenen emotionalen Energien zählen die Ängste, die mit unserer Konditionierung im Kindesalter zu tun haben. Wir werden uns daher im folgenden Abschnitt dieses Buches damit beschäftigen, wie man die Angst davor auflöst, emotional überwältigt zu werden. Sie bildet die Grundlage unserer tiefgreifenden Konditionierung zum Verdrängen, mit dem wir dem unangenehmen Empfinden intensiver Emotionen entgehen wollen. Wenn diese tiefsitzende Angst sich einmal verabschiedet hat, werden Sie wesentlich präsenter und bewusster sein.

Ich werde Ihnen auch zeigen, wie Sie die Ängste vor Bestrafung und Konfrontation auflösen, die dazu führen, dass wir unserer Intuition nicht immer vertrauen und nach ihr handeln. Und Sie werden lernen, wie man aufhört, unrealistische Erwartungen zu hegen, die uns bei Nichterfüllung nur unglücklich machen und aus dem emotionalen Gleichgewicht bringen. Dazu werden wir uns mit der Angst vor der Ungewissheit beschäftigen und mit dem unbehaglichen Gefühl, das Ungewissheit in der Regel bei uns auslöst.

Die Grundlage dieser Angst stammt ebenso wie die damit verbundenen emotionalen Energien in der Hauptsache aus unserer präverbalen Konditionierung. Nachdem ich mich viele Jahre mit dem Thema beschäftigt und es intensiv erforscht habe, gelangte ich zu einigen Erkenntnissen über die Natur dieser Konditionierung. Die Ergebnisse meiner Studien habe ich unter dem Titel *Die 12 Hauptdynamiken menschlicher Konditionierung* zusammengefasst. Bevor wir uns unseren tiefsitzenden Ängsten widmen, möchte ich Ihnen meine Erkenntnisse bezüglich dieser Hauptdynamiken erläutern.

6. Die 12 Hauptdynamiken menschlicher Konditionierung

Ich habe mich immer schon dafür interessiert, was die *wirklichen* Ursachen für die Probleme sind, die viele Menschen haben. Wie bereits erwähnt, werden wir alle von unseren Emotionen überwältigt, wenn wir noch sehr jung sind. Auf der Grundlage dieser Erfahrung entsteht eine Art Standardreaktion: Wir lernen, unsere Gefühle zu verdrängen und Dinge nicht mehr voll und ganz zu empfinden. Dies ist eine der Erkenntnisse über die Natur unserer präverbalen Konditionierung, die ich beim Studium möglicher Problemursachen gewonnen habe. Das gesamte Modell finden Sie in Abbildung 9. (Seite 78)

Im Folgenden werde ich kurz beschreiben, in welcher Weise wir von jeder der 12 Dynamiken konditioniert werden und welche Arten unbewältigter Erfahrungen und reaktiver Emotionen für die einzelnen Dynamiken typisch sind.

Vermeiden, etwas vollständig zu fühlen

Wir alle machen im Kleinkindalter die Erfahrung, dass wir von unseren Emotionen überwältigt werden – und das ist kein angenehmes Gefühl! Wir empfinden es sogar als so unangenehm, dass wir die Entscheidung treffen, die uns angeborene Empfindungsfähigkeit zu unterdrücken, um dieser schrecklichen Erfahrung möglichst zu entgehen. Wir versuchen auf diese Weise, intensive emotionale Erlebnisse nicht in vollem Umfang empfinden zu müssen beziehungsweise sie so wenig wie möglich zu spüren. Damals, im Kleinkindalter, war

Abbildung 9

das die beste Antwort auf unsere Angst vor emotionaler Überwältigung, die uns zur Verfügung stand.

Diese Reaktion scheint übrigens universell zu sein, das heißt, jeder von uns trifft diese Entscheidung. Es scheint einfach zum Menschsein dazuzugehören. Die Folge dieser Entscheidung ist jedoch, dass wir beginnen, unser Leben rund um Strategien zum Vermeiden von Gefühlen herum aufzubauen, nur um der Erfahrung des Überwältigtseins zu entgehen.

Beim Thema „Vermeiden, etwas vollständig zu fühlen" gibt es folgende typischen Arten unbewältigter Erfahrungen und reaktiver Emotionen:

- *Unbewältigte Erfahrungen:* alle ungelösten Traumata beziehungsweise der gesamte nicht aufgelöste seelische Schmerz aus der Vergangenheit

● *Reaktive Emotionen:* die Angst oder Panik, von Emotionen überwältigt zu werden und nicht damit umgehen zu können

Diese Dynamik des Vermeidens von Gefühlen drückt sich hauptsächlich in drei Verhaltensweisen aus:

– Ignorieren der eigenen Intuition

– Verurteilen und abwerten

– Der Gegenwart ausweichen

Ignorieren der eigenen Intuition

Wohl jeder von uns hat schon einmal eine intuitive Erkenntnis gehabt. Aber meistens tun wir uns schwer damit, solchen Erkenntnissen zu vertrauen und danach zu handeln. Erst später, wenn sich
unser „Bauchgefühl" bewahrheitet hat, ärgern wir uns, dass wir nicht
darauf gehört haben. Warum ist das so?

Nachdem wir als Kleinkinder einmal die Entscheidung getroffen
haben, das vollständige Fühlen von Emotionen zu vermeiden, sammeln wir weiter Erfahrungen und erkunden dabei Stück für Stück
das Leben, unseren Körper und die Welt um uns herum. Manchmal
stoßen wir dabei auf Widerstände in Gestalt unserer Eltern oder
anderer Menschen und Dinge.

Haben wir als Kinder beispielsweise die Wände unseres Zimmers
mit Filzstiften bemalt, so haben wir eigentlich erwartet, dass unsere
Eltern unsere Begeisterung ob dieses kreativen Selbstausdrucks mit
uns teilen. Das war aber wahrscheinlich nicht der Fall. Werden wir
für unser Handeln bestraft, so erleben wir eine ganze Palette an
überwältigenden Emotionen: Wir fühlen uns verraten, verwirrt, verletzt, haben Angst und sind wütend … Und alle diese Gefühle sind
auch noch mit unserer Quelle von Liebe, Unterstützung und Nah-
rung verbunden. Was könnte furchterregender sein? Und schon sind
wir wieder um eine Erfahrung reicher, bei der unsere Gefühle uns
überwältigt haben.

Ein paar Erfahrungen dieser Art, bei denen wir einfach unseren
intuitiven oder kreativen Impulsen nachgehen, reichen schon aus,

um in uns die Angst vor negativen Folgen zu schüren, die zu emotionaler Überwältigung führen. So entsteht die Gewohnheit, der
eigenen Intuition *nicht* zu vertrauen oder zu folgen. Auch wächst so
unsere Angst vor Konfrontation, das heißt, wir haben Angst, uns zu
behaupten und uns selbst treu zu bleiben – speziell dann, wenn die
Möglichkeit besteht, dass jemand uns wegen etwas, was wir tun, böse
sein könnte.

- *Unbewältigte Erfahrungen:* Traumata speziell in Bezug auf Erfahrungen von Bestrafung, Konfrontation; der Schock, dass sich Ver-
  trauenspersonen gegen uns wenden; Verlustangst; das Gefühl, verraten worden zu sein

- *Reaktive Emotionen:* Angst vor Bestrafung und vor Konfrontation

Verurteilen und abwerten

Die meisten von uns wachsen in einem Umfeld auf, in dem Menschen sich selbst und andere verurteilen. Indem wir dieses Verhalten
bei anderen beobachten, lernen und übernehmen wir es. Aber es
steckt durchaus noch mehr dahinter. Wenn wir andere abwerten
oder verurteilen, vermeiden wir damit gleichzeitig, Dinge vollständig zu fühlen. Denn manchmal ist da etwas in uns, was wir nicht
wahrnehmen wollen und mit dem wir uns unwohl fühlen. Dieses
Gefühl kann beispielsweise dadurch ausgelöst werden, dass wir
jemanden sehen, der ein ähnliches Verhalten zeigt wie das, bei dem
wir ein ungutes Gefühl haben.

Es ist immer leichter, so etwas bei anderen zu erkennen als bei
sich selbst. Und es ist auch leichter, Dinge im Außen als gut oder
schlecht zu bewerten, als sich mit dem unguten Gefühl auseinander-
zusetzen, das sich in unserem Inneren breitmacht. Wir möchten dieses Gefühl nämlich nicht in Bezug auf unser eigenes Verhalten spüren. Also gewöhnen wir uns an, unsere Ablehnung und Verurteilung
auf eine andere Person oder auf die Situation zu lenken, anstatt das
Gefühl in uns selbst zuzulassen. Die Grundenergie, aus der sich die
Energie des Verurteilens speist, steckt immer in uns selbst und nicht

in der Person, die wir betrachten. Es ist ganz egal, ob wir eine andere Person oder uns selbst verurteilen – das Ergebnis bleibt immer gleich: Wir benutzen die Wertung als Strategie, um die überwältigenden Gefühle nicht zu spüren, die sich immer noch in uns befinden.

Dieses gesamte Muster, dass wir unseren eigenen inneren Gefühlen des Unwohlseins aus dem Weg gehen, indem wir andere abwerten und verurteilen, wird uns vorgelebt und wir werden dazu konditioniert, es einfach zu übernehmen. Schließlich haben wir ja den Eindruck, andere abzuwerten oder zu verurteilen sei einfach ein Teil dessen, wie Menschen nun einmal sind.

- *Unbewältigte Erfahrungen:* Traumata, deren Existenz wir nicht zugeben wollen; emotionaler Schmerz, den wir nicht wahrhaben wollen und daher am liebsten auf andere projizieren

- *Reaktive Emotionen:* Angst, sich dem eigenen unaufgelösten emotionalen Schmerz zu stellen, beziehungsweise Angst, sich diesem Schmerz nicht stellen oder ihn nicht ertragen zu können

Der Gegenwart ausweichen

Wenn wir es vermeiden, etwas vollständig zu fühlen, haben wir natürlich die Tendenz, intensive emotionale Erfahrungen nicht abzuschließen. In dem Versuch, das Überwältigtsein von Gefühlen zu vermeiden, archivieren wir die Überbleibsel unbewältigter intensiver Erfahrungen. So sammeln wir eine „Datenbank" von unvollständig verarbeiteten emotionalen Energiemustern in unseren Körpern an. Das nennt man dann auch „emotionalen Ballast" oder den Schmerzkörper. Jeder von uns besitzt solchen Ballast, in unterschiedlicher Ausprägung.

Das Vorhandensein dieser Datenbank unvollständig verarbeiteter emotionaler Energien, die sich in unserem Körper befinden, hat Folgen. Wenn wir zulassen, dass wir vollständig in der Gegenwart präsent sind, beginnen die Energiemuster der unbewältigten Erfahrungen, sich in unser Bewusstsein zu drängen, weil sie gefühlt und vollständig verarbeitet werden wollen. Genau das jedoch wollen wir vermeiden. Wir haben nämlich Angst davor, von ihnen überwältigt zu werden. Folglich nehmen wir Verhaltensweisen an, die uns das Präsentsein in der Gegenwart vermeiden lassen, nur um den Restschmerz aus der Vergangenheit nicht anschauen zu müssen.

Dies führt zum Beispiel zur Einnahme stimmungsverändernder Substanzen oder zu anderen Formen von Suchtverhalten. Wir tun alles, um dem Schmerz aus dem Weg zu gehen. Das ist der wahre Grund für das Entstehen vieler Süchte. Einige davon können so harmlos sein wie diese: sich selbst ständig Geschichten über die Vergangenheit oder die Zukunft erzählen, nur um die Gegenwart zu vermeiden, in der immer die Gefahr besteht, sich dem Schmerz der Vergangenheit stellen zu müssen.

- *Unbewältigte Erfahrungen:* Traumata, die mit so viel Schmerz verbunden sind, dass man die Erfahrung nicht einmal ansatzweise zulassen kann (Diese Traumata veranlassen Sie, zu vermeiden, in der Gegenwart zu sein, damit Sie sie nicht fühlen müssen.)

- *Reaktive Emotionen:* Angst davor, in der Gegenwart präsent zu sein, weil man weiß, dass man dann etwas ansehen und fühlen muss, und weil man das Gefühl hat, dies nicht zu können

Sich dort suchen, wo man nicht ist

Diese Konditionierung entsteht bereits innerhalb der ersten Tage und Wochen nach der Geburt. Ausgelöst wird sie durch die Kombination aus vollständiger Abhängigkeit von anderen und Identifikation mit der Mutter. Die Mutter fühlt sich selbst nach dem Durchtrennen der Nabelschnur noch wie ein Teil unserer selbst an. In dem Moment, in dem ein Bedürfnis nicht sofort gestillt wird, sagen wir daher nicht: „Wo ist Mama? Ich fühle mich schrecklich! Sie gibt mir nicht das, was ich brauche, und ich weiß nicht, ob ich das überleben werde …!", sondern wir ziehen auf der Gefühlsebene den Rückschluss, dass ein Teil von uns selbst zu fehlen scheint.

Natürlich können wir uns noch nicht artikulieren, aber wir scheinen auf solche Erfahrungen zu reagieren, indem wir die gefühlsmäßige Entscheidung treffen, dass ein Teil von uns fehlt, und zwar genau derjenige, der unsere Bedürfnisse stillen würde.

Auch diese Dynamik scheint ziemlich universell zu sein. Selbst die fürsorglichste Mutter wird es nicht schaffen, jedes Bedürfnis eines Babys sofort zu erfüllen. So entwickeln wir praktisch alle das Gefühl, ein Teil von uns sei uns abhandengekommen. Dies erzeugt die allgegenwärtige Vorstellung, dass man sich ja heil und vollständig fühlen würde, wenn nur alle Bedürfnisse gestillt wären. Also jagen wir allen möglichen Zielen und Wünschen nach, immer in der Erwartung, dass wir uns beim Erreichen des Ziels oder beim Erfüllen der Hoffnung endlich heil und ganz fühlen.

Doch da gibt es ein Problem, denn egal, wie viel Liebe, Aufmerksamkeit, Geld, Zeit, Besitztümer, Erfahrungen oder erreichte Ziele wir anhäufen, nichts davon kann uns das Gefühl der Ganzheit und Vollständigkeit vermitteln. Das liegt daran, dass wir bereits heil und vollständig *sind*. Es hat nie etwas gefehlt – es fühlt sich für uns nur so an. Daher denken wir, wir bräuchten erst noch den richtigen Lebenspartner, den perfekten Job, den Sportwagen oder das Haus mit Meerblick …

Doch was passiert, wenn wir diese Ziele erreicht und jede Menge Besitztümer angehäuft haben? Wir glauben, sie brächten uns dauerhafte Erfüllung, aber wie lange verspüren wir dieses Gefühl tatsächlich? In der Regel hält es nicht sehr lange vor, nicht wahr? Das liegt daran, dass *nichts* diese Sehnsucht nach Ganzheit und Erfüllung stillen kann. Dennoch geben wir nicht auf und glauben, dass das nächste Ziel das richtige sei.

Was uns wirklich fehlt, ist die unmittelbare Erfahrung dessen, was wir in Wirklichkeit sind – reine Bewusstheit. Beim Praktizieren der GAP-Technik haben Sie in die Weite und Stille der reinen Bewusstheit hineinschnuppern können. Reine Bewusstheit ist die essenzielle Natur dessen, was Sie sind. Indem Sie sie durch Anwenden der in diesem Buch beschriebenen Techniken mehr und mehr erfahren und indem sie immer stärker Teil Ihrer Lebenserfahrung wird, wird Ihnen die reine Bewusstheit genau dieses Gefühl der Vollständigkeit vermitteln, nach dem Sie sich Ihr Leben lang gesehnt haben.

- *Unbewältigte Erfahrungen:* Traumata, die möglicherweise mit ungestillten Bedürfnissen zusammenhängen

- *Reaktive Emotionen:* Angst, dass Bedürfnisse nicht erfüllt werden, dass man nicht genügend Liebe, Aufmerksamkeit, Anerkennung, Wertschätzung (oder Ähnliches) bekommt

Die Dynamik, sich dort zu suchen, wo man *nicht* ist, drückt sich hauptsächlich in Form von drei Verhaltensweisen aus:

– Verwechseln von Bedürftigkeit mit Liebe

– Widerstand gegen Veränderungen

– Eingeschränkter Selbstausdruck

Verwechseln von Bedürftigkeit mit Liebe

Die Dynamik, uns selbst dort zu suchen, wo wir nicht sind, bringt es mit sich, dass wir so sehr darauf bedacht sind, die Erfüllung unserer Bedürfnisse sicherzustellen, dass wir diese Bedürfnisbefriedigung manchmal mit dem Erleben von Liebe verwechseln.

Die Erfüllung eines Bedürfnisses ist jedoch einfach nur *das* und hat mit Liebe überhaupt nichts zu tun. Wir werden darauf *konditioniert*, dass Liebe mit dem Erfüllen von Wünschen und Bedürfnissen zusammenhänge. Wer kennt nicht den leidigen Satz: „Wenn du mich liebtest, würdest du … (mein Bedürfnis erfüllen)." Sich geliebt zu fühlen ist aber nur eine Spielart des Gefühls von Ganzheit und Vollständigkeit, während Liebe(n) eher eine Art *Seinszustand* ist und nicht etwas, was Sie anderen *geben* oder von ihnen *bekommen*.

Wenn Sie reine Bewusstheit erleben, erleben Sie gleichzeitig einen Zustand reiner Liebe. Nur das ist wirkliche Liebe, bedingungslose Liebe. Bedingungslose Liebe bedeutet, dass die Liebe von nichts abhängt, was sich außerhalb Ihrer selbst befindet. Sie lieben ganz von selbst bedingungslos, indem Sie im Zustand reiner Liebe verweilen, der gleichzeitig der Zustand reiner Bewusstheit ist. Die einzig wahre Form von Liebe ist bedingungslos. Alles andere ist Bedürftigkeit.

- *Unbewältigte Erfahrungen:* Weit verbreitet sind in diesem Zusammenhang natürlich Herzschmerz und Liebeskummer. Auch Zustände wie sich verraten, betrogen oder verlassen zu fühlen sowie Reue und Bedauern können daher rühren, dass wir Liebe mit Bedürftigkeit verwechseln.

- *Reaktive Emotionen:* Enttäuschung, Wut, Niedergeschlagenheit, Ängstlichkeit und viele andere reaktive Emotionen sind die Folge dessen, dass wir glauben, nur durch das Nach-außen-Schauen, in den Spiegel der Außenwelt, ein Gefühl dafür bekommen zu können, wer und was wir sind.

Widerstand gegen Veränderungen

Wir alle wünschen uns eine stabile und sichere Grundlage für unser Leben. Aus diesem Grund lieben wir Stabilität – Dinge, auf die wir uns verlassen können, die sich nicht ändern. Allerdings gibt es nichts, was nicht dem Wandel unterliegt, auch wenn sich die Veränderungen manchmal unserer unmittelbaren Wahrnehmung entziehen.

Wonach wir *in Wirklichkeit* suchen (zumeist unbewusst), das ist der einzige unveränderliche Seinszustand, den es gibt: die reine Bewusstheit. Dieser Seinszustand ist die unveränderliche Natur unserer Essenz. Sie werden im Rahmen Ihrer Erfahrungen mit der GAP-Technik bereits festgestellt haben, dass die reine Bewusstheit immer gleich ist, denn in ihr gibt es nichts, was sich ändern könnte.

Damit *Veränderungen* eintreten können, bedarf es der Dualität und der Vielfalt. In der reinen Bewusstheit gibt es nur die reine Bewusstheit selbst. Insofern ist sie der einzige stabile und unveränderliche Bezugspunkt, den man haben kann. Wenn Sie die Techniken aus diesem Buch regelmäßig einsetzen, werden Sie rasch einen Seinszustand kultivieren können, in dem die reine Bewusstheit stets präsent ist und nicht verloren geht. Das ist der einzig mögliche Zustand von Stabilität.

Befinden wir uns *nicht* in der Erfahrung reiner Bewusstheit, so praktizieren wir eine Variante der Dynamik, dort nach uns zu suchen, wo wir nicht sind. Wir identifizieren uns mit *den* Dingen in unserem Leben, die sich *scheinbar* nicht ändern. Wir hängen an Dingen und identifizieren uns mit allem, was uns schon eine Weile begleitet. Selbst alter unaufgelöster Schmerz kann etwas Vertrautes haben, denn wir ziehen aus ihm ein Gefühl der Sicherheit. Wir können uns darauf verlassen, dass dieser Schmerz immer da ist.

Tatsächlich können wir uns offensichtlich mit allem identifizieren, was bereits seit Langem da zu sein scheint: unser Job oder unsere Karriere (wenn wir schon lange bei der gleichen Firma sind), unser Name, unser Titel, unser Körper, unser Ruf, unser Zuhause, unser Ehepartner oder unsere Kinder, unsere Gewohnheiten und Konditionierungen, unsere Ansichten und unser Glaube. Aber nichts davon ist wirklich so unveränderlich, wie wir denken. Alle diese Dinge unterliegen dem Wandel und je nachdem, wie viel von Ihrem Selbstbild auf ihnen beruht, werden Sie Widerstand gegen Veränderungen leisten, um nicht das zu gefährden, was Sie für Ihr Selbst halten.

- *Unbewältigte Erfahrungen:* Diese Thematik ist das Reich der Schatzhüter. Hier sitzen die Ängste, einen essenziellen Teil seiner selbst zu verlieren, die auftreten können, wenn Sie zutiefst mit einem alten seelischen Schmerz, einer reaktiven Emotion oder einem Konditionierungsmuster identifiziert sind. In der Regel sind diese Energien Kandidaten für die SEE-Technik, aber manche können auch traumatische Aspekte beinhalten.

- *Reaktive Emotionen:* Angst, einen wichtigen Teil seiner selbst zu verlieren oder das Wissen, wer man ist; Angst vor einer Beschädigung des Selbstbilds

Eingeschränkter Selbstausdruck

Wenn ein Teil Ihrer Vorstellung davon, wer Sie sind, sich aus dem Gefühl speist, mit Ihrer Familie und Ihren Freunden verbunden zu sein, und die meisten dieser Menschen ein eher bescheidenes Auftreten haben (was in der Regel der Fall ist), dann neigen auch Sie möglicherweise dazu, sich in Ihrem Ausdruck zurückzuhalten. Ohne dass es Ihnen bewusst ist, nehmen Sie an dem Spiel teil, das wir mit dem folgenden Titel beschreiben könnten: „Lasst uns alle zusammen mittelmäßig bleiben!"

Auch die Dynamik des eingeschränkten Selbstausdrucks hängt damit zusammen, dass wir uns dort suchen, wo wir nicht sind. Also gründen wir die neue Firma *nicht*, mit der wir eigentlich selbstständig machen wollten, und wir setzen uns *nicht* hin und schreiben das Buch, das wir schon so lange schreiben wollten, und so weiter. Beschränkung des Selbstausdrucks hält uns auch davon ab, souverän mit unseren Gefühlen umzugehen, weil wir der falschen Vorstellung anhängen, dass unsere Verbindung zu anderen und der Wunsch, von ihnen gemocht und akzeptiert zu werden, etwas sei, auf das wir nicht verzichten könnten. Wenn wir nicht mehr Spielball unserer Gefühle wären, würden wir uns stark von anderen abheben, denen es anders ergeht.

Eingeschränkter Selbstausdruck zeigt sich auch in der Angst, andere – selbst Menschen, die wir gar nicht kennen – könnten uns ablehnen oder uns kritisch oder gar abfällig betrachten: „Was passiert, wenn die Leute mein neues Buch nicht mögen?" – „Was ist, wenn jemand meinen kreativen Selbstausdruck kritisiert?" – „Ich halte mich lieber zurück und gehe damit nicht an die Öffentlichkeit, dann gehe ich auch kein Risiko ein."

Das Verrückte daran ist, dass die anderen Menschen nicht möchten, dass wir unser Potenzial leben und damit erfolgreich sind, weil ihnen das bewusst machen würde, wie klein sie sich selbst halten. Unser kraftvoller Selbstausdruck in der Welt ist etwas, was sie nicht sehen möchten, weil es sie daran erinnert, dass sie ihr eigenes Potenzial nicht leben. Keiner möchte sich das gerne vor Augen führen lassen.

Wir haben in diesem Zusammenhang auch Angst vor der Einsamkeit, davor, dass andere sich von uns zurückziehen, wenn wir wirklich erfolgreich sind. Tatsächlich jedoch ist es „an der Spitze" alles andere als einsam. Wenn Sie Ihr ganzes Potenzial leben, werden

Sie *neue* Freunde finden, die ihre Stärken ebenso selbstverständlich leben wie Sie oder die es zumindest angenehm finden, Menschen zu erleben, die dies tun.

Kraftvoller Selbstausdruck hat übrigens nicht etwa damit zu tun, dass man mit anderen auf aggressive oder manipulative Weise umgeht, sie zu etwas zwingt oder wütend und angriffslustig ist. Das Gegenteil ist der Fall, denn die zuvor aufgeführten Verhaltensweisen sind lediglich der Ausdruck reaktiver Emotionen und somit eine Form emotionaler Inkompetenz.

- *Unbewältigte Erfahrungen:* Traumata aufgrund der Angst, dass andere sich zurückziehen beziehungsweise einem ihre Liebe und Unterstützung entziehen; Traumata, die damit zusammenhängen, dass Menschen sich kritisch oder abwertend äußern, wenn man versucht, zu sich und seiner Größe zu stehen

- *Reaktive Emotionen:* Angst, das Gefühl der Verbundenheit mit anderen zu verlieren; Angst, dass andere einen nicht mögen und das eigene Auftreten kritisieren könnten

Versuchen, ein Ergebnis zu erzwingen

Diese wichtige Hauptdynamik entsteht, weil wir darauf konditioniert sind, uns mit unserem Ego zu identifizieren. Schließlich wachsen wir in einem Umfeld auf, in dem jeder glaubt, er sei eine Ansammlung von Lebensgeschichten, Erfolgen, Enttäuschungen, Traumata, Vergnügungen und anderen Erfahrungen. Dieses Modell übernehmen wir sozusagen automatisch. Denn wenn *jeder* um uns herum glaubt, er sei eben jener Mix aus Lebenserfahrungen, dann gibt es keinen anderen Bezugsrahmen, an dem wir uns orientieren könnten.

Die Folge dieser Konditionierung ist, dass wir uns als isoliertes Einzelwesen wahrnehmen, getrennt vom Universum und mit ihm hadernd. Unsere Isolierung lässt uns die Entscheidung treffen:

„Wenn schon etwas passieren soll, dann will wenigstens ich derjenige sein, der es tut." Das ist die Illusion, der „Handelnde" zu sein, also der Auslöser einer Handlung oder eines Geschehens. Für all jene, die glauben, sie erschüfen ihre eigene Realität, hört sich der Gedanke von der „Illusion, der Handelnde zu sein" fremd und merkwürdig an: „Natürlich bin *ich* der Handelnde. Ich kann mein Leben so gestalten, wie ich es möchte!" Das ist die machtvolle Stimme dieser Konditionierung.

Jeder hat schon die Erfahrung gemacht, einen Wunsch zu haben, den man anschließend wieder vergisst. Und dann wird dieser Wunsch plötzlich irgendwann Wirklichkeit, ohne dass man nur einen Finger krumm machen musste. Der Grund hierfür ist, dass in Wahrheit die Naturgesetze alles in die Hand nehmen, auch wenn scheinbar unser Verstand, unser Körper und unsere Persönlichkeit in den Prozess involviert sind. Es ist allein unsere *Identifikation* mit unserem Körper, unserem Verstand, unserer Persönlichkeit, unseren Gedanken und unseren Handlungen, die uns dazu bringt, zu glauben, *wir* seien die Handelnden und getrennt vom Rest der Welt existierende Persönlichkeiten.

Wenn Sie hingegen in die reine Bewusstheit eintauchen, werden Sie feststellen, dass Ihre grundlegende Natur nichts mit Ihrem Körper, Ihrem Geist, Ihren Gedanken, Ihren Erfahrungen, Ihrer Persönlichkeit, Ihren Meinungen … zu tun hat. Sie sind grenzenloses reines Potenzial, alles zu sein und zu erfahren. Denken Sie nur einmal daran, wie es ist, im sogenannten *Flow* oder Fluss zu sein: Man kennt dieses Konzept vor allem aus der Welt des Sports. Wenn jemand im *Flow* ist, verlangsamt sich die Zeit, alles wird mühelos und es scheint fast so, als täte man selbst gar nichts, sondern die Dinge *geschähen* einfach (– und genauso ist es übrigens!). Was da passiert, das *passiert* Ihnen und passiert durch Sie, ohne dass Sie selbst wirklich aktiv beteiligt sind.

Genau das Gleiche ist Ihnen in Zeiten passiert, in denen Sie einen Wunsch hatten, *nichts* dafür taten und die Erfüllung einfach so eintrat. Das bedeutet es, im *Flow* oder in der *Zone* zu sein. Es bedeutet auch, sich im Einklang mit dem Universum und den Naturgesetzen zu befinden. Das Universum funktioniert nach dem Prinzip des geringsten Aufwands. Die Planeten umkreisen die Sonne auf *der* Umlaufbahn, die den geringsten Aufwand bedeutet – auf einer Ellipse, nicht in einem Quadrat oder Rechteck. Das Prinzip des geringsten Aufwands legt fest, wie Pflanzen wachsen. Es sorgt dafür, dass Elektronen auf der einfachsten Bahn um den Atomkern kreisen. Es regelt Ebbe und Flut und alle anderen natürlichen Prozesse. Alles in der Natur geschieht mit dem geringsten Aufwand und zum perfekten Zeitpunkt.

Das gilt auch für alles, was *in unserem Leben* passiert. Aufgrund unserer Konditionierung jedoch, die uns glauben und fühlen lässt, wir seien ein isolierter Handelnder, der seine eigene Realität erschafft, kämpfen wir, rackern uns ab und leiden, weil wir ein bestimmtes Ergebnis erzielen möchten – und zwar in *der* Form und zu *dem* Zeitpunkt, wie *wir* es uns vorstellen!

Wenn Sie unbedingt wollen, dass Dinge auf eine bestimmte Weise und zu einem bestimmten Zeitpunkt passieren, kann das dazu führen, dass Sie oberflächlich betrachtet das bekommen, was Sie sich zu wünschen glaubten. Es ist unsere Identifikation mit dem Ego, die uns dazu bringt, Dinge vom Leben erzwingen zu wollen. Wenn wir das Gefühl haben, vom Rest des Universums getrennt – also allein und isoliert – zu sein, dann können wir gar nicht anders, als die Dinge so einzufädeln zu wollen, wie wir es für richtig halten.

Unser mangelndes Gefühl für das natürliche Timing der Dinge und unser übermäßiger Drang, die Geschehnisse in unserem Leben unter Kontrolle zu haben, bringt uns dazu, ein bestimmtes Ergebnis unbedingt erreichen zu wollen. Wir müssen lernen, uns zu entspannen und dem Leben die Chance zu geben, sich in seiner eigenen mühelosen Perfektion und seinem natürlichen Timing zu zeigen. Dem entgegen steht allerdings unsere tiefsitzende Konditionierung zum gegenteiligen Verhalten. Also strengen wir uns an, leiden und versuchen unnötigerweise, bestimmte Dinge zu erzwingen – weil wir nicht im Einklang mit dem Prinzip des geringsten Aufwands sind.

● *Unbewältigte Erfahrungen:* Traumata, die selbstdefinierend geworden sind, Teil des Ego und Teil unseres Selbstgefühls sind; das Trauma, bei der Geburt von der Mutter getrennt worden zu sein, und andere traumatische Erfahrungen, die damit zusammenhängen, dass wir uns als einzelnes, getrenntes Individuum sehen

● *Reaktive Emotionen:* die Angst, die durch das Gefühl des Isoliertseins und der Getrenntheit hervorgerufen wird; die Energie, sich damit zu identifizieren, dass man der Handelnde ist, ein Individuum, der Urheber von Handlungen

Die Dynamik, ein Ergebnis erzwingen zu wollen, findet vor allem in drei Verhaltensweisen Ausdruck:

– Ausschließen anderer Perspektiven

– Deutungen erfinden

– Überreagieren auf äußere Umstände

Ausschließen anderer Perspektiven

Zum Ausschließen anderer Perspektiven kommt es, wenn wir uns mit der Art und Weise identifizieren, in der *wir* die Welt betrachten – ein idealer Nährboden für Engstirnigkeit und Vorurteile. Somit ist diese Dynamik natürlich auch der Quell der meisten Konflikte, Kämpfe und Kriege in der Welt. Sie äußert sich in jeder Form von Fanatismus. Hier liegt die Ursache für Religionskriege, für die Diskriminierung von Menschen aufgrund ihrer Hautfarbe oder ihres Herkunftslandes und ein Stück weit auch für unsere Unfähigkeit, auf kollektiver wie auf persönlicher Ebene gut miteinander auszukommen.

Wenn Sie sich mit Ihrer Sichtweise der Dinge identifizieren, werden Ihre Ansichten zu einem Teil Ihres Selbstbildes. In Wirklichkeit haben Ihre Meinungen nichts mit dem zu tun, wer Sie sind, aber das Gefühl, sie seien ein Teil von Ihnen, kann recht überzeugend sein. Das macht Sie natürlich verletzlich und angreifbar, denn wenn Sie sich dafür öffnen, die Dinge auf eine neue oder andere Weise zu betrachten, fühlen Sie sich gleichzeitig in Ihrem Selbst bedroht.

Sie glauben, Ihre Meinung sei die einzig richtige, und zwar nicht nur für Sie selbst, sondern auch für alle anderen: „Entweder so oder gar nicht!" (Oder wie es im Englischen so schön heißt: *My way or the highway!*) Sie meinen, es sich nicht leisten zu können, sich für andere Sichtweisen zu öffnen, da Sie sich dadurch zu stark in Ihrer Existenz bedroht fühlen.

Aus diesem Grund beharren Sie auf Ihrer engstirnigen Sichtweise und bleiben isoliert: „Ich habe doch recht. Wieso kapiert der Rest der Welt das eigentlich nicht? Das sind doch lauter Ketzer und Ungläubige. Ich habe Recht, sie sind im Unrecht." Sie brauchen das Gefühl, Recht zu haben, um Ihr Selbstgefühl nicht zu gefährden.

- *Unbewältigte Erfahrungen:* Traumata, die mit einer Verletzung oder einem Angriff auf das Selbstgefühl zusammenhängen, weil man auf der eigenen Sichtweise beharrt

- *Reaktive Emotionen:* Angst davor, einen Teil seiner selbst zu verlieren, wenn man sich für neue Betrachtungsweisen öffnet. Es handelt sich hier um Energiemuster der Identifikation mit der Art und Weise, in der Sie die Dinge sehen.

Deutungen erfinden

Wir alle kennen Menschen, die in der *Vergangenheit* ein Schicksalsschlag ereilt hat oder denen ein Unrecht geschehen ist und die nicht darüber hinwegkommen. Das Ereignis selbst ist schon lange vorüber, aber die Geschichten darüber nehmen die Gedanken der Person so sehr ein, dass sie in diesen Geschichten lebt und nicht vollständig präsent sein kann. Alternativ kann es auch sein, dass Menschen in einer Geschichte über eine positive oder negative *Zukunft* gefangen sind. Es ist im Grunde genommen nicht wichtig, ob die Geschichte sich mit der Vergangenheit oder der Zukunft beschäftigt – sie nimmt ihre Aufmerksamkeit und ihre Gedanken in Beschlag und scheint ein Teil von ihnen zu sein.

Unseren Erfahrungen eine Bedeutung, einen Sinn geben zu wollen, das ist eine typisch menschliche Eigenschaft. Wenn wir jedoch beginnen, uns mit den Geschichten zu *identifizieren*, die wir rund um unsere Erlebnisse erfinden, und dann in diesen Geschichten leben, als hätten die Ereignisse (noch oder schon) Auswirkungen auf unser Leben, dann sind wir nicht mehr in der realen Gegenwart präsent. Das ist natürlich ein großes Hindernis für den souveränen Umgang mit Emotionen. Die meisten Menschen verbringen so viel Zeit damit, ihre Erfahrungen zu interpretieren, dass sie nur selten im gegenwärtigen Moment leben.

Diese Konditionierung beruht darauf, dass wir uns mit unserem Denken und unserem Verstand identifizieren. Selbst wenn Sie intellektuell verstehen, dass Sie dies tun, und sich entscheiden, es in Zukunft zu unterlassen, werden Sie immer wieder von Ihren Geschichten eingeholt. Die Konditionierung bestimmt Ihre Erfahrung und Sie werden so lange mit Ihren Geschichten verbunden sein, bis Sie gelernt haben, wie Sie Ihr Gewahrsein von den Geschichten trennen können. Dabei wird Ihnen vor allem die SEE-Technik gute Dienste leisten.

- *Unbewältigte Erfahrungen:* Traumata, die mit Geschichten über die Vergangenheit und mit unerfüllten Erwartungen zusammenhängen

- *Reaktive Emotionen:* Projektionen möglicher negativer Szenarien in der Zukunft und Reaktionen auf unerfüllte Erwartungen (Ihr geschichtenartiger Charakter ist für diese Dynamik besonders entscheidend.)

Überreagieren auf äußere Umstände

Wenn wir uns zu stark mit unseren Geschichten identifizieren, erwarten wir, dass das Leben sich so verhält, wie wir uns das vorstellen. Unsere Erwartungen basieren auf den Geschichten, die wir erfinden und die nichts mit der Realität zu tun haben.

Immer, wenn wir etwas erwarten, leben wir in der Illusion, dass das Universum das Leben gemäß unserer Vorstellung gestalten wird. Passiert dies nicht, reagieren wir mit Verärgerung, Enttäuschung und einer ganzen Bandbreite anderer Emotionen. Diese Überreaktionen umgeben uns und halten uns im Energiefeld der emotionalen Reaktion gefangen. Wir bleiben identifiziert – mit der Erwartung ebenso wie mit der Geschichte, aus der die Erwartung entstanden ist, und mit unserer „legitimen" emotionalen Reaktion.

- *Unbewältigte Erfahrungen:* Traumata, die mit Überreaktionen und unerfüllten Erwartungen verbunden sind. Dazu können auch traumatische Erfahrungen zählen, die aus der Unfähigkeit herrühren, zwischen Ereignissen und unserer Reaktion darauf zu unterscheiden.

- *Reaktive Emotionen:* Reaktionen auf unerfüllte Erwartungen. (Das reaktive Element ist für diese Dynamik besonders relevant.)

7. Von emotionaler Kompetenz zu emotionaler Souveränität

Im nächsten Schritt werden Sie Ihre emotionale Kompetenz noch weiter steigern, denn nun werden Sie lernen, wie man die Ängste und Traumata *überwindet*, die den Hauptdynamiken der menschlichen Konditionierung zugrunde liegen. Es geht darum, machtvolle reaktive Emotionen ebenso aufzulösen wie seelisches Leid, das tief verborgen liegt. Wenn Sie lernen, wie man diese versteckten Fundamente einiger unserer stärksten Konditionierungen auflöst, erreichen Sie eine völlig neue Ebene emotionaler Kompetenz.

Außerdem schaffen wir hier die Grundlage für das Vermeiden von Traumata und Abhängigkeiten. Süchte und Abhängigkeiten sind vor allem eine Art „Selbstmedikation", die uns vor dem Erleben tiefen seelischen Schmerzes bewahren soll. Wesentlich besser ist es da natürlich, den Schmerz aufzulösen, sodass gar keine „Behandlung" mehr erforderlich ist!

Die Lernschritte, die Sie in den folgenden Abschnitten des Buches erwarten, geben Ihnen die Möglichkeit, Ihre emotionale Kompetenz stufenweise auszubauen, bis hin zum *völlig souveränen Umgang* mit Emotionen – *Emotional Mastery*. Jeder, der die mit der reinen Bewusstheit verbundenen Techniken aufmerksam erlernt und einsetzt, kann diese deutlich höhere Stufe emotionaler Kompetenz erreichen. Einzige Voraussetzung ist der feste *Wille*, dies zu tun. Treffen Sie die bewusste Entscheidung, die Techniken einzusetzen, und wenden Sie sie konsistent an, um die subtileren und dennoch machtvollen und tief verwurzelten emotionalen Energiemuster aufzulösen!

Mit den eigenen Emotionen souverän umzugehen ist wahrscheinlich eine der wichtigsten Fähigkeiten, die Sie in Ihrem Leben erlernen können. Sie wird jeden Aspekt Ihres Lebens stärker verändern als alles andere, was Sie sich aneignen können.

Sich die Fähigkeit aneignen, etwas vollständig zu fühlen

Um die CORE-Technik zum Auflösen seelischen Leids gekonnt einsetzen zu können, müssen Sie zunächst lernen, wie man die unvollständige Verarbeitung einer Erfahrung, die noch in Ihrem Körper festsitzt, abschließt. Ein wichtiger Aspekt davon ist es, genau herauszufinden, welcher Abstand der angemessene, richtige ist, wenn Sie sich mit Ihrer Bewusstheit der Energie dieser unvollständig verarbeiteten Erfahrung annähern. Wenn Sie die optimale Entfernung gefunden haben, sind Sie so nah am Zentrum der Intensität des emotionalen Energiefeldes, dass Sie es real spüren können, aber nicht von ihm überwältigt werden.

Auflösen der Angst, von seinen Gefühlen überwältigt zu werden

Die Angst davor, von unseren Gefühlen überwältigt zu werden, ist unsere Reaktion darauf, dass uns dies so häufig passiert ist und wir dieses Gefühl nicht ausstehen können. Die Folge davon ist die Dynamik, die ich mit dem Ausdruck bezeichne „*Vermeiden, etwas vollständig zu fühlen*" (oder mit anderen Worten: etwas voll und ganz zu empfinden). Es handelt sich hierbei um eine unserer grundlegenden Ängste und sie hat in der Regel sowohl Anteile an CORE- als auch an SEE-Energien. Zudem sitzt die Konditionierung so tief, dass Sie vermutlich die GPS-Technik einsetzen müssen, damit Sie alle Energien zu fassen bekommen.

Beginnen Sie mit denjenigen Energien dieser Angst, die sich mithilfe der CORE-Technik auflösen lassen und zumeist aus Erlebnissen in Ihrer frühen Kindheit stammen. Damals waren Sie zu klein, um sie vollständig verarbeiten zu können. Möglicherweise sind außerdem Anteile traumatischer Erfahrungen aus anderen Lebensabschnitten enthalten, die die vorhandene Angst weiter gesteigert oder verstärkt haben.

Setzen Sie die GPS-Technik ein und bitten Sie Ihren Körper, Ihnen alle diese Energien zu zeigen. Denken Sie daran, mit dem Nachforschen erst aufzuhören, wenn Sie das GPS-System zweimal hintereinander gefragt haben und beide Male keine Reaktion mehr kam.

Nachdem Sie alle Energien behandelt haben, die Sie mit der CORE-Technik behandeln können, bitten Sie den Körper nun, Ihnen die SEE-Energien zu zeigen; diese hängen zusammen mit der Angst davor, von den eigenen Gefühlen überwältigt zu werden. Hierbei wird es sich um auf die Zukunft gerichtete Projektionen handeln, die mit der Angst zu tun haben, man könnte erneut von seinen Gefühlen überwältigt werden. Setzen Sie die GPS-Technik so lange ein, bis Sie das GPS-System zweimal hintereinander gefragt haben und beide Male keine Reaktion mehr kam.

Lernen, seiner Intuition zu vertrauen und nach ihr zu handeln

Vielleicht fragen Sie sich an dieser Stelle, welcher Zusammenhang eigentlich zwischen dem Vertrauen auf die eigene Intuition und dem souveränen Umgang mit Gefühlen besteht. Ich habe bereits Tausenden von Menschen diese Frage gestellt: „Haben Sie manchmal ein intuitives Gefühl und hören nicht darauf, nur um später festzustellen, dass Sie richtig lagen? Und wünschen Sie sich dann, Sie hätten auf Ihr Bauchgefühl gehört?" Meiner Erfahrung nach kennt die überwältigende Mehrheit der Befragten diese Situation. Die Frage ist nun: Warum passiert uns das immer wieder? Warum vertrauen wir unserer Intuition nicht?

Das Problem hat seinen Ursprung in unserer frühesten Kindheit. Beim Entdecken der Welt um uns herum tun wir als Kleinkinder in aller Unschuld die verschiedensten Dinge, um möglichst viele der Erfahrungen zu machen, die das Leben zu bieten hat. Wir sind neugierig und natürlich sind wir noch nicht darauf getrimmt, uns auf eine Weise zu verhalten, die andere – insbesondere unsere Eltern – für gesellschaftlich akzeptabel halten.

Wir finden beispielsweise Mutters Lippenstift in ihrer Handtasche und der Hund der Familie kreuzt gerade unseren Weg. Prompt kommt uns die Idee, herauszufinden, wie dem Hund wohl der Lippenstift stehen würde. Also beschmieren wir die gesamte Schnauze des Hundes damit (– schließlich sind wir noch nicht sehr geübt im Auftragen von Lippenstift). Was für ein Spaß! Wir sind von unserem Experiment begeistert.

Wenn unsere Mutter allerdings entdeckt, was passiert ist, wird sie unsere Begeisterung wohl kaum teilen können und vielleicht werden wir sogar bestraft. Sie versucht, uns beizubringen, wie man sich ordentlich benimmt (ganz abgesehen davon, dass sie nicht gerne ihren Lippenstift verschwendet sieht). Ich betrachte das als eine Art elterliches Spiel unter dem Motto: „Lasst uns den Kindern mithilfe emotionaler Manipulation Benimm beibringen!"

Die Bestrafung verletzt unsere kindlichen Gefühle. Wir werden emotional überwältigt und das ist weit mehr als nur ein unangenehmes Gefühl. Es tut weh und verwirrt uns. Wir verstehen nicht, warum Mama uns plötzlich so behandelt. Wir fühlen uns verraten. Wo ist die liebevolle Aufmerksamkeit und wo die Wertschätzung, die wir von unserer Mutter erfahren, wenn wir lauter „niedliche" Sachen machen? Unser Quell der Liebe und Fürsorge hat sich gerade gegen uns gewendet und uns das Gegenteil von dem gegeben, was wir erwartet haben. Unser unschuldiges Vertrauen in unsere kreativen und intuitiven Impulse wurde zerstört, weil man uns „ordentliches Benehmen" beibringen wollte.

Ähnliches erleben wir in Abständen immer wieder und lernen dann tatsächlich, was sozial akzeptiertes, korrektes Benehmen ausmacht und was nicht. Diese Erfahrungen haben Folgen, denn jedes Mal, wenn wir als Erwachsene eine kreative oder intuitive Idee haben, folgt darauf sofort die Angst, dass es übel für uns ausgeht, wenn wir intuitiv handeln. So schlägt die Konditionierung darauf, der Intuition *nicht* mehr zu trauen und *nicht* danach zu handeln, allmählich Wurzeln in uns. Statt der Intuition bildet Angst die Grundlage unseres Handelns.

Auflösen der Angst vor Bestrafung und Auseinandersetzungen

Es geht also darum, die Angst vor Bestrafung aufzulösen. Bevor wir das tun, möchte ich kurz auf eine Spielart der Bestrafung eingehen, die *Konfrontation*. Ich kenne nur wenige Menschen, die Auseinandersetzungen mögen. Das liegt daran, dass jede Konfrontation auch etwas von einer Bestrafung hat, und die fürchten wir seit den Erfahrungen in unserer frühesten Kindheit.

Manche Menschen konfrontieren andere, um ihr Verhalten in irgendeiner Form zu manipulieren. Anderen wiederum bietet Konfrontation vor allem die Möglichkeit, ihre Gefühle zum Ausdruck zu bringen, ohne sich Gedanken darüber machen zu müssen, welche Auswirkungen dies auf das Gegenüber hat. Was auch immer der Grund für angriffslustiges Verhalten ist – die Person, die es zeigt, hat erlebt, dass es andere Menschen beeinflussen und manchmal auch deren Verhalten steuern kann.

Konfrontation zieht die gleichen Folgen nach sich wie Bestrafung: Wir bekommen Angst davor, etwas Bestimmtes zu tun. Häufig ändern wir bereits gefasste Pläne oder unser Verhalten, weil wir befürchten, dass uns negative Konsequenzen drohen, beispielsweise eine Form von Bestrafung.

Derjenige, der uns unter Druck setzt, erzielt in der Regel das gewünschte Ergebnis, sodass es für ihn oder sie keinen Grund gibt, das manipulative Verhalten zu ändern. Sobald Sie jedoch Ihre Angst vor Bestrafung und Konfrontation hinter sich lassen, können Sie sich selbst treu bleiben und werden nicht mehr von anderen manipuliert.

Stellen Sie sich folgende Situation vor: Sie erzählen jemandem, dass es da etwas gibt, was Sie gerne tun möchten und nun auch tun werden. Die andere Person allerdings möchte nicht, dass Sie es tun, oder zieht vor, dass Sie *anders* handeln. Also konfrontiert sie Sie und versucht, Ihr Verhalten zu kontrollieren.

Wenn Sie standhaft und sich selbst treu bleiben, wird die andere Person wahrscheinlich zunächst ihre Drohung verschärfen und den Druck auf Sie weiter erhöhen. Bleiben Sie jedoch ganz bei sich und reagieren gar nicht auf diesen Versuch, weil Sie keine Angst mehr vor Konfrontationen haben, werden die Person oder ihr Verhalten sich ändern oder sie wird Sie einfach in Ruhe lassen. Es hängt alles davon ab, wie sehr wir uns von der Strategie des anderen einfangen lassen.

Das Auflösen der Angst vor Bestrafung und der Angst vor Konfrontation läuft also letztendlich auf das Gleiche hinaus. Beides können wir in unsere Prozesse einfließen lassen. Erlauben Sie mir, bevor wir damit beginnen, noch einen kleinen Exkurs zum Thema Intuition.

Wie man sich an die Zukunft erinnert

Intuition ist ein Weg, das zu tun, was ich gerne mit dem Ausdruck bezeichne „sich an die Zukunft erinnern". Ich habe gehört, dass Quantenphysiker die Meinung vertreten, die Mathematik der Vergangenheit und die der Zukunft seien identisch. Die Frage, die logisch daraus folgt, lautet: „Warum können wir uns nur an die *Vergangenheit* erinnern?"

Das Interessante ist nun, dass wir uns durchaus häufig an die Zukunft erinnern. Wir sind nur zutiefst darauf konditioniert, diese Erlebnisse zu leugnen. Immer, wenn Sie eine Eingebung, eine Intention, eine Vorahnung, ja, einen Wunsch haben, kann dies eine Form des Erinnerns der Zukunft sein. Aufgrund der zuvor erläuterten Angst vor Bestrafung und Konfrontation und anderer Formen der Konditionierung, die in der Kindheit stattfinden, entwickeln wir die Angewohnheit, diese Erinnerungen an die Zukunft zu ignorieren.

Fehlendes Vertrauen

Eine weitere Form der Konditionierung, die unsere Fähigkeit beeinträchtigt, unserer Intuition zu vertrauen und nach ihr zu handeln, besteht darin, dass den meisten von uns im Kleinkindalter immer wieder eingetrichtert wird, wir sollten nicht einfach tun, was wir wollen, sondern lieber das, was Eltern, Lehrer und andere Menschen uns sagen. Auch dies kann dazu führen, dass wir uns selbst nicht mehr vertrauen. Wir werden darauf getrimmt zu glauben, dass wir die Hilfe anderer benötigten, um herauszufinden, was das Richtige ist und was wir tun sollen.

Der Unterschied zwischen Denken und Wissen

Damit Sie Ihrer Intuition durchgängig vertrauen und entsprechend handeln können, müssen Sie den Unterschied zwischen Ihrem Denken und Ihrem inneren Wissen kennen. *Intellektuelles Verstehen* (Denken) findet im Verstand statt. Wir benutzen den Verstand, um unsere Erfahrungen zu ordnen. Wir benennen Dinge. Wir analysieren, vergleichen und katalogisieren unsere Erfahrungen mithilfe unseres Verstandes. Das bezeichnet man gemeinhin als „Denken" oder „intellektuelles Verständnis". Das sind unsere „kognitiven Daten" (kognitive Erkenntnisse).

Intuitives Wissen ist im Körper angesiedelt. Wir *wissen* Dinge, indem wir sie unmittelbar erfahren. Allein anhand einer Beschreibung und ohne jemals eine gekostet zu haben, kann man nicht wissen, wie eine Erdbeere schmeckt. Um etwas wirklich zu wissen, muss man es unmittelbar erfahren.

Wenn Sie vermeiden, Dinge voll und ganz zu fühlen, dann neigen Sie dazu, Erfahrungen nicht vollständig zu verarbeiten. Erst wenn Sie die Verarbeitung vollständig abschließen, können Sie die entsprechende Erfahrung wirklich erfassen. Dann spricht man von (Erfahrungs-) „Wissen" oder Wissen aus Erfahrung.

Auflösen der Angst vor Bestrafung

Um die Angst vor Bestrafung aufzulösen, setzen Sie zunächst die GAP-Technik ein, um in die reine Bewusstheit zu gelangen. Bitten Sie dann Ihren Körper, Ihnen das Energiefeld der Angst vor Bestrafung zu zeigen. Sie werden sofort die Energie der Angst spüren, die bewirkt, dass Sie *kein* Vertrauen in Ihre Intuition haben und nicht nach Ihrer Intuition handeln. Diese Angst hat zur Folge, dass Sie nicht zwischen Ihren intuitiven Gedanken und Ihren auf Emotionen basierenden Gedanken unterscheiden können.

In der Regel ist die Angst sowohl mit CORE-Technik-Energien als auch mit SEE-Technik-Energien verbunden. Ich werde Sie durch den Prozess leiten, mit diesen Energien in Berührung zu kommen und sie mithilfe der CORE-, der SEE- und der GPS-Technik aufzulösen.

*

Anleitung

Beginnen Sie, indem Sie sich mit der GAP-Technik in die reine Bewusstheit begeben. Sobald Sie die Stille spüren, bitten Sie Ihren Körper, die CORE-Technik-Energie anzuzeigen, die die Angst vor Bestrafung und den Mangel an Vertrauen in Ihre Intuition in Ihnen auslöst. Sie werden die Energie spüren können; sie fühlt sich wie ein enges Knäuel oder ein Ball aus Energie in Ihrem Inneren an. Häufig ballt sich die Energie in der Nähe der Körpermitte zusammen.

Wechseln Sie nun über zur CORE-Technik. Gehen Sie mit Ihrer Aufmerksamkeit näher an das Energiefeld heran. Finden Sie das Zentrum, in dem die Energie am intensivsten ist. Gehen Sie so nah wie möglich heran und nehmen Sie einfach das Zentrum der Energie wahr.

Zunächst wird es sich intensiver anfühlen als gewöhnlich. Das liegt daran, dass Sie sich dafür öffnen, die Energie stärker wahrzunehmen als sonst. Es mag sich so anfühlen, als würde die Intensität des Energiefeldes eine Weile mehr oder weniger gleich bleiben. Nach und nach jedoch wird sie schwächer werden. Wenn dies passiert, gehen Sie mit Ihrer Aufmerksamkeit wieder näher heran und nehmen die Energie dessen wahr, was vom Energiefeld übrig geblieben ist. Finden Sie erneut das Zentrum mit der intensivsten Energie und nehmen Sie diese einfach wahr. Machen Sie so weiter, bis Sie das Energiefeld so vollständig erfahren haben, dass es nichts mehr zu erfahren gibt.

Wenn Sie solcherart die CORE-Technik-Energien der Angst vor Bestrafung aufgelöst haben, setzen Sie erneut die GPS-Technik ein und bitten diesmal darum, die SEE-Technik-Energien dieser Angst gezeigt zu bekommen. Sie können Ihre Bitte wie folgt formulieren: „Lieber Körper, zeige mir bitte alle SEE-Technik-Energien, die mit der Angst vor Bestrafung zusammenhängen."

Der Körper wird Ihnen sofort eine Wolke oder Aura aus Energie zeigen, die vom Körper in den Raum um Sie herum ausstrahlt. Das ist eine Projektion des möglichen Eintretens negativer Dinge in der Zukunft. Setzen Sie nun die SEE-Technik ein, um dieses Energiefeld aufzulösen. Bei der zugehörigen Geschichte wird es sich um etwas handeln, von dem Sie befürchten, es könne in der Zukunft negativ ausgehen. Stellen Sie diese Geschichte infrage:

- Hat sie wirklich etwas mit dem gegenwärtigen Moment zu tun?
- Stellt es eine sinnvolle Investition Ihrer Lebensenergie dar, diese Geschichte und Ihre Reaktion darauf zu kreieren?
- Hilft es Ihnen dabei, das von Ihnen gewünschte Leben zu führen?
- Haben Sie stärker das Gefühl, es sei Ihre Entscheidung, ob Sie diese Geschichte am Leben erhalten wollen oder nicht?

Lösen Sie sich davon – und sowohl die Geschichte als auch die verbleibende Energie werden sich in Nichts auflösen – das gleiche Nichts, aus dem heraus Sie sie ursprünglich erschaffen haben.

Auflösen von Traumata und seelischem Leid

Jedes Mal, wenn wir Erfahrungen machen, die „einfach zu viel" für uns sind und mit denen wir nicht umgehen können, kann daraus ein Trauma entstehen. Grundsätzlich geht es also darum, dass wir im Moment des Erlebens nicht über die Fähigkeit verfügen, die Erfahrung in all ihrer Intensität zu verarbeiten.

Was genau ist ein Trauma?

Wenn wir eine traumatische Erfahrung machen, verbleibt die nicht aufgelöste Traumaenergie in uns. Unser Körper allerdings möchte diese Energie partout nicht haben. In dem Bestreben, sie aufzulösen, bringt er sie sozusagen immer wieder aufs Tapet, etwa in Form von Albträumen, Flashbacks, Schreckreaktionen oder anderen posttraumatischen Symptomen. Wenn Sie solche Symptome aus eigener Erfahrung kennen, befindet sich mit hoher Wahrscheinlichkeit auch in Ihrem Körper noch Energie aus einem nicht aufgelösten Trauma.

Diese Versuche des Körpers, die traumatische Energie abzubauen, sind allerdings nicht sehr effektiv. Deshalb begleiten uns diese Symptome häufig längere Zeit, manchmal sogar viele Jahre. Ich habe mit Vietnamveteranen gearbeitet, die teilweise mehr als 40 Jahre lang an posttraumatischen Störungen wie Albträumen gelitten hatten! Zu unserer Verblüffung konnten wir sie mithilfe der CORE-Technik innerhalb von ein oder zwei Sitzungen auflösen.

Posttraumatische Störungen ...

... können durch alle möglichen Erfahrungen hervorgerufen werden – beispielsweise wenn man Opfer eines Gewaltverbrechens wird, wie es mir widerfuhr, als ich 1993 in die Brust geschossen wurde. Auch Opfer von Naturkatastrophen leiden häufig an posttraumatischen Störungen. Vergewaltigungen, häusliche Gewalt und Missbrauch können ebenso die Ursache von Traumata sein wie eine Tätigkeit als Sanitäter, Krankenschwester, Feuerwehrmann oder Polizist oder wie der plötzliche Tod einer nahestehenden Person. All dies kann posttraumatische Störungen unterschiedlicher Schwere hervorrufen.

Allerdings müssen Sie nicht *extrem* traumatisiert sein, damit ein unaufgelöstes Trauma Ihnen das Leben schwer macht. Es gibt unzählige Situationen, die Traumata auslösen können, und praktisch jeder von uns trägt einige Traumata mit sich herum, ganz gleich, wie stark oder schwach sie sein mögen.

In der traditionellen Therapieszene gelten posttraumatische Belastungsstörungen zumeist als unheilbar. Man betrachtet sie als Problem der mentalen Gesundheit, mit dem man einfach lernen müsse zu leben. Diese Haltung ist so weit verbreitet, weil die meisten, die in diesem Feld tätig sind und Menschen mit posttraumatischen Störungen zu helfen versuchen, genauso emotional inkompetent sind wie nahezu der gesamte Rest der Weltbevölkerung. Sie wissen nicht, dass man Traumata tatsächlich auflösen kann und dass dies nicht einmal schwer ist.

Es ist so, wie ich es bereits in der Geschichte über die Heilung meiner eigenen posttraumatischen Belastungsstörungen beschrieben habe: Wenn Sie sich dafür öffnen können, genau das Gegenteil von dem zu tun, was unserer Konditionierung entspricht, und sich somit näher an die traumatische Energie begeben, statt vor ihr davonzulaufen, dann können Sie es mit ein wenig Geduld und Mut schaffen, die Konditionierung zu überwinden und die unvollständige Verarbeitung des Traumas abzuschließen.

Dadurch wird das Trauma vollständig aufgelöst und alle posttraumatischen Symptome verschwinden. Mir ist bewusst, dass sich dies für Therapeuten, die so etwas noch nie erlebt haben, wie ein Märchen anhören muss. Aber alle, die es selbst ausprobiert haben, stellten genau wie ich fest, dass man posttraumatische Störungen durchaus heilen kann, und zwar in relativ kurzer Zeit.

Beispiel: Albträume

Angela aus dem englischen Bournemouth litt acht Jahre lang an schrecklichen Albträumen. Diese begannen nach einer Therapiesitzung, in der der Therapeut einige tiefsitzende Kindheitstraumata aufdeckte, die sie verdrängt hatte. Dann wurde sie vergewaltigt und die Albträume wurden noch schlimmer. Jede Nacht wachte sie schreiend, verwirrt und orientierungslos auf und ihr Herz schlug so sehr, dass sie fürchtete, es werde zerspringen. Sie war nervös, ängstlich, konnte das Haus nicht mehr verlassen und glaubte, ihr Leben sei vorbei.

Bei ihr wurde eine posttraumatische Belastungsstörung diagnostiziert, aber man teilte ihr mit, ihre Krankheit sei zu schwer und eine Behandlung stelle ein zu hohes Gesundheitsrisiko dar.

Eine Freundin von Angela, die an einem meiner Seminare in London teilgenommen hatte, schrieb mich an und fragte, ob es in ihrer Nähe nicht jemanden gebe, der ihr helfen könne. Als ich die E-Mail las, empfand ich sofort tiefes Mitgefühl. Also schrieb ich Angela persönlich an und wir vereinbarten, dass ich zu ihr nach Bournemouth kommen und einen Abend mit ihr arbeiten würde. Da ich mich zu dieser Zeit in London aufhielt, stellte dieser Besuch für mich keinen großen Aufwand dar.

Wir verbrachten etwa eineinhalb Stunden damit, mithilfe der Techniken aus diesem Buch alle Traumata aufzulösen, die ihre Albträume verursachten. Dabei arbeiteten wir hauptsächlich mit der CORE-Technik und setzten zusätzlich die GPS-Technik ein, um Zugang zu all jenen traumatischen Energien zu bekommen, die wir allein über das Reden nicht erreichen konnten.

In der anschließenden Nacht störte zum ersten Mal seit acht Jahren kein Albtraum Angelas Schlaf. Ein paar Wochen später besuchte sie eines meiner *Emotional-Mastery*-Seminare. Auf der Homepage www.humansoftwareengineering.com finden Sie ein Video, in dem sie berichtet, dass sie seit dieser Sitzung keine Albträume mehr gehabt habe. Zu dem Zeitpunkt, an dem ich dies schreibe, sind seither bereits sechs Monate vergangen und bei unserem letzten Gespräch vor ein paar Tagen erzählte sie mir, dass neben den Albträumen auch alle anderen posttraumatischen Symptome verschwunden seien.

Dies ist übrigens keine Ausnahme, sondern eher die Regel, wenn Sie das *Human Software Engineering* und die Techniken der reinen Bewusstheit einsetzen. Auf ganz ähnliche Weise konnte ich vielen anderen Menschen helfen: Opfern von Vergewaltigungen und anderen Verbrechen ebenso wie Vietnamveteranen, die seit 43 Jahren unter Albträumen und posttraumatischen Störungen litten, und sogar einer Mutter, deren drei Kinder vom Vater getötet worden waren, bevor er Selbstmord begangen hatte …

Zumeist wurden die Traumata, die die Symptome der posttraumatischen Belastungsstörung hervorriefen, innerhalb von einer oder zwei Sitzungen mithilfe der hier vermittelten Techniken gelöst und die Albträume und anderen Symptome kehrten von da an nicht wieder; dies bestätigten mir die Gespräche, die ich mit einigen Betroffenen sogar bis zu zwei Jahre nach unserem Treffen führte.

Anscheinend ist also die Vorstellung, dass posttraumatische Belastungsstörungen nicht heilbar seien, ein Dogma, das auf Unkenntnis der Tatsache beruht, dass es nun einen schnellen und gründlichen Weg zur Traumaauflösung gibt.

Die Einnahme von Medikamenten, die Angst, Depressionen und andere posttraumatische Symptome überdecken sollen, bietet häufig keine wirkliche Hilfe. Und bei all jenen, bei denen sie doch helfen, kehren die Symptome meist zurück, sobald die Medikamente abgesetzt werden. Auf der Grundlage umfassender Erfahrungen, die ich in meinem persönlichen Werdegang und bei der Unterstützung vieler Menschen gesammelt habe, wage ich zu behaupten, dass posttraumatische Belastungsstörungen kein medizinisches Problem sind. Schließlich schafft die Medizin es bislang ohnehin nicht, hier eine wirkliche Lösung anzubieten.

Das grundlegende Problem ist die emotionale Inkompetenz. Die meisten wissen einfach nicht, wie man mit traumatischen Erfahrungen und seelischem Schmerz adäquat umgehen sollte. Mehr noch: Sie sind darauf konditioniert worden, dies nicht zu tun. Also ist es eigentlich kein Wunder, dass man diese Störungen für unheilbar hält. Allerdings kann ich anhand meiner eigenen Entwicklung und

derjenigen vieler anderer Menschen belegen, dass dies ein Trug-
schluss ist.

Wenn Sie traumatisiert wurden und unter posttraumatischen
Belastungsstörungen leiden, ist es gut, mit jemandem zu arbeiten,
der es gelernt hat, andere bei der Auflösung traumatischer Energien
anzuleiten. Ihre Situation ist nicht von der Art, dass Sie sie *alleine*
angehen sollten, ohne die Hilfe eines zertifizierten *Human Software
Engineers* mit spezieller Schulung im Auflösen von Traumata. Ich
habe Hunderte von Traumaspezialisten ausgebildet und sie stehen
Ihnen gerne zur Seite, wenn Sie Hilfe benötigen. Glücklicherweise ist
dies auch per Videokonferenz im Internet möglich, sodass Sie überall auf der Welt Hilfe bekommen können, sofern Sie nur einen
stabilen und einigermaßen schnellen Internetanschluss besitzen. Sie
müssen sich nicht persönlich auf die Reise begeben.

Ich möchte Ihnen dennoch erklären, wie der Prozess funktioniert, damit Sie sehen, dass es tatsächlich möglich ist. Außerdem wissen Sie dann schon ungefähr, was Sie erwartet, wenn Sie sich Hilfe
holen. Eventuell können Sie mithilfe der nachfolgenden Beschreibung *einfachere* Traumata alleine auflösen, wenn Sie ausreichend mit
der CORE-, der SEE- und der GPS-Technik vertraut sind.

Der Gegenwart ausweichen

In unserem Modell der Hauptdynamiken habe ich eine der Aus-
drucksformen der Dynamik *Vermeiden, etwas vollständig zu fühlen*
wie folgt betitelt: *Der Gegenwart ausweichen*. Dies ist die Konditionierung, die dem *Nichtauflösen* von Traumata und Süchten zugrunde
liegt.

Die Neigung, dem Fühlen ungelösten seelischen Schmerzes aus
dem Weg zu gehen, kann viele Formen annehmen. In ihren milderen
Ausprägungen bringt sie Sie, wie zuvor bereits beschrieben, einfach
nur dazu, nicht im Jetzt präsent zu sein. In ernsteren Fällen führt
diese Dynamik zu Dingen wie posttraumatischen Belastungsstörungen und Süchten.

Den Schmerz der Vergangenheit auflösen

Wenn wir Leid und Schmerzen auflösen, die aus der Vergangenheit stammen, dann haben wir es überwiegend mit unvollständig verarbeiteten Erfahrungen zu tun. Diese lösen wir, wie Sie ja bereits wissen, am besten mithilfe der CORE-Technik auf.

Manchmal können wir eine klare Verbindung zwischen dem alten emotionalen Leid und dem Inhalt von Albträumen, Flashbacks und so weiter herstellen. Das Thema ist dann offensichtlich und leicht zugänglich. In anderen Fällen sind traumatische Energien möglicherweise schwieriger zu fassen, weil wir schon lange daran arbeiten, den Schmerz zu unterdrücken. Wenn Sie die Energie in dem Moment spüren können, in dem Sie sich an das vergangene Geschehen erinnern, dann können Sie mithilfe der GPS-Technik Zugang zu ihr gewinnen. Falls es um *leichtere* Traumata geht, ist es wahrscheinlich in Ordnung, wenn Sie es mit Selbsthilfe versuchen. In allen anderen Fällen sollten Sie sich Unterstützung bei einem erfahrenen und zertifizierten HSE-Spezialisten für Traumaauflösung holen. Weitere Informationen dazu finden Sie auf der Website www.humansoftwareengineering.com.

Wenn Sie *leichtere* Traumata oder seelisches Leid alleine auflösen möchten, setzen Sie zunächst die GAP-Technik ein, um in die reine Bewusstheit zu gelangen. Bitten Sie Ihren Körper, Ihnen zu zeigen, wo der Schmerz der Vergangenheit angesiedelt ist. Er wird Sie diese Stellen spüren lassen.

Gehen Sie dann zur CORE-Technik über und lösen Sie die Energien gründlich auf. Wiederholen Sie den Prozess, bis Sie zweimal nachgefragt haben und keinerlei Energie mehr vorhanden ist.

Wenn Sie unter *schweren* Traumata leiden oder das Auflösen Ihrer Traumata – ganz gleich, wie leicht oder schwer – lieber mit Unterstützung angehen möchten, können Sie uns ebenfalls über diese Webadresse kontaktieren: www.humansoftwareengineering.com

Frei werden von Süchten und Abhängigkeiten

Was sind Süchte?

Nahezu jedes Suchtverhalten stellt eine Art von „Selbstmedikation" dar. Man betäubt sich, damit man seelischen Schmerz nicht fühlen muss. Natürlich ist das nur eine Notlösung. Besser ist, wenn man lernt, emotionales Leid aufzulösen, damit man das Suchtverhalten beziehungsweise das, wonach man süchtig ist, aufgeben kann.

Wie im Fall der posttraumatischen Belastungsstörungen besteht das Grundproblem darin, dass die meisten Menschen nicht wissen, wie man die unvollständige Verarbeitung von Erfahrungen abschließt – emotionale Inkompetenz. Folglich liegt die Lösung nicht im medizinischen Bereich, sondern im Bereich von Information und Anleitung. Die meisten Menschen, die unter posttraumatischen Belastungsstörungen leiden, zeigen auch irgendeine Form von Sucht. Das grundlegende Problem ist bei beiden Leiden nahezu identisch. Gleichzeitig dienen Süchte häufig dazu, seelischen Schmerz von geringerer Intensität zu überdecken.

Vielen Menschen ist es bereits gelungen, sich von ihrer Sucht zu befreien, indem sie den emotionalen Schmerz aufgelöst haben, der die eigentliche Ursache des Suchtverhaltens ist. Im Grunde genommen ist es ganz einfach: Wenn der tieferliegende Grund für eine Abhängigkeit oder Sucht (der nicht aufgelöste emotionale Schmerz) nicht mehr vorhanden ist, besteht nicht länger die Notwendigkeit, ihn mit dem Suchtmittel der Wahl zu kaschieren.

Auch hier kann es ratsam sein und den Prozess erleichtern, wenn Sie die Hilfe eines zertifizierten HSE-Spezialisten in Anspruch nehmen, der erfahren darin ist, Menschen mithilfe der Techniken der reinen Bewusstheit beim Überwinden ihrer Süchte zu unterstützen. Allerdings gibt es sicherlich auch Süchte, die nicht so schwerwiegend sind beziehungsweise bei denen die zugrunde liegenden Erfahrungen von leichterer Art sind. Aus diesem Grund beschreibe ich den (im Grunde genommen recht simplen) Prozess nachfolgend in Kurzform:

Zunächst sollten Sie die CORE- und die SEE-Technik sowie die GPS-Technik erlernen und einüben, bis Sie sie gut beherrschen. Dann machen Sie sich daran, alle traumatischen oder emotional schmerzhaften, unvollständig verarbeiteten Erfahrungen aufzulösen, die Ihr Suchtverhalten auslösen.

Sie können die GPS-Technik einsetzen, um Zugang zu den Energien zu bekommen, die dem Suchtverhalten zugrunde liegen. Ich empfehle Ihnen, dies regelmäßig zu tun, und zwar so lange, bis Sie nicht mehr in Versuchung geraten, Ihrer Sucht nachzugeben. Die Regelmäßigkeit empfehle ich, weil es durchaus eine ganze Reihe emotional schmerzhafter Energien geben kann, die sich in Ihrem Inneren verbergen. Vielleicht sind es aber auch nur ganz wenige, die jedoch *besonders* schmerzhaft sind. Das ist individuell verschieden.

Was Sie erfahren werden

Nachdem Sie das alte seelische Leid, das Ihrem Suchtverhalten zugrunde lag, gründlich aufgelöst haben, werden Sie wesentlich weniger getrieben sein und die Abhängigkeit wird nachlassen. Dennoch kann es sein, dass die Gewohnheit, der Sucht nachzugehen, immer noch bis zu einem gewissen Grad vorhanden ist. Falls Sie immer noch einen Suchtdrang spüren, zeigt dies lediglich, dass es immer noch seelisches Leid gibt, das gespürt und aufgelöst werden will.

Es kann natürlich auch sein, dass Ihnen am jeweiligen Tag etwas Unangenehmes passiert ist, was Sie nicht bewältigt haben, und dass diese neue Belastung Sie nun erneut in die Abhängigkeit treibt, die das neu entstandene Unbehagen überdecken soll. Aus diesem Grund ist es wichtig, sich einen neuen Lebensstil anzugewöhnen, bei dem Sie sich dafür entscheiden, Dinge voll und ganz zu fühlen, anstatt die Gefühle mithilfe der Sucht zu unterdrücken.

Selbst wenn Sie wirklich gründlich mit dem Leid der Vergangenheit aufgeräumt haben, können bestimmte Umstände etwas hochspülen, was sehr tief vergraben war. In diesem Fall müssen Sie sich keine Sorgen machen oder befürchten, das ursprüngliche Auflösen hätte nicht gewirkt. Schließlich stehen Ihnen nun praktische Techniken zur Verfügung, mit denen Sie jederzeit auch neue belastende oder schmerzvolle Reaktionen auflösen können.

Machen Sie sich also daran, das Problem sofort aufzulösen, anstatt in Ihr altes Suchtverhalten zurückzufallen. Schließlich wissen wir alle, dass das Befriedigen der Sucht nur eine temporäre Erleichterung bringt, während das Auflösen des Schmerzes eine dauerhafte Lösung darstellt. Genießen Sie das wunderbare und befreiende Gefühl, den Schmerz der Vergangenheit ebenso wie Süchte und Abhängigkeiten hinter sich zu lassen!

Starken, authentischen Selbstausdruck entwickeln

Wahrscheinlich haben Sie wie jeder von uns irgendein Lieblingsprojekt, von dem man sagen könnte, dass es im Falle seiner Verwirklichung ein starker Ausdruck dessen wäre, was *Sie* als Person ausmacht! Vielleicht möchten Sie gerne ein Buch schreiben, sich mit einer Geschäftsidee selbstständig machen oder einfach nur etwas Ungewöhnliches tun. So haben Sie möglicherweise ein Buchprojekt gestartet, der Grobentwurf oder auch das erste Kapitel stehen bereits, aber seitdem dümpelt das begonnene Werk Monate oder Jahre lang auf Ihrem Rechner herum, ohne dass es damit vorangeht. Irgendetwas blockiert Sie. Was hält Sie davon ab, sich in dieser Weise selbstbewusst und kraftvoll auszudrücken?

Eingeschränkter Selbstausdruck

Wie ich bereits im Abschnitt über die *Hauptdynamiken der menschlichen Konditionierung* gezeigt habe, basiert die Dynamik des eingeschränkten Selbstausdrucks darauf, dass Sie an der Verbindung oder dem Zugehörigkeitsgefühl zu anderen Menschen hängen und Angst davor haben, dieses zu verlieren. Es ist ein Ausdruck der tieferliegenden

Konditionierungsdynamik, sich dort zu suchen, wo man *nicht* ist. Wäre es nicht schön, dies zu überwinden und der Welt zu zeigen, wer Sie wirklich sind und was Sie können?

Auflösen der zugrunde liegenden Angst

Wir haben es hier mit der Angst vor dem Verlassenwerden, vor Isolierung und Einsamkeit zu tun. Hiermit sind in der Regel sowohl CORE- als auch SEE-Energien verbunden. Setzen Sie die GPS-Technik ein, um Zugang zu beiden Arten *nicht nützlicher Emotionen* zu erhalten, die die Grundlage dieser Angst bilden, und lösen Sie die Energie auf, bis nichts mehr davon übrig ist.

Was Sie erfahren werden

Sie werden vielleicht feststellen, dass Sie nun tatsächlich beginnen können, die Dinge zu tun, die Sie bislang aufgeschoben haben und die klar und deutlich ausdrücken, wer Sie sind. Womöglich machen Sie sich auch weniger Gedanken darüber, was andere über Sie denken oder wie Sie auf Ihre Mitmenschen wirken. Sie bleiben sich selbst eher treu und lassen Ihrer Kreativität freien Lauf. Es kann sein, dass einige Ihrer Freunde damit nicht gut zurechtkommen. Dafür werden mit Sicherheit neue Menschen in Ihr Leben treten, die besser mit Ihrem authentischen Selbst klarkommen.

Auflösen der Angst und des Unbehagens angesichts von Ungewissheit

Wenn man das Thema Ungewissheit einmal näher betrachtet, zeigen sich zwei unterschiedliche Ausprägungen, nämlich zum einen die *Angst* vor Ungewissheit und zum anderen eine Art von *Unbehagen*, das durch Ungewissheit ausgelöst wird. Ich werde auf beide Aspekte einzeln eingehen und jeweils erklären, wie man die zugehörigen Energien auflöst.

Der Schlüssel zum Ausräumen des Unbehagens, das Sie angesichts von Ungewissheit überfällt, ist das Auflösen Ihrer tiefsitzenden Gewohnheit, Dinge mit dem *Verstand* erfassen und verstehen zu wollen. Ungewissheit fühlt sich unangenehm an, weil wir stark darauf konditioniert sind zu glauben, dass wir durch das *intellektuelle Verstehen* von Dingen Sicherheit gewinnen. Deshalb würden die meisten Menschen auch sofort bestätigen, dass man etwas natürlich genau wissen und mit dem Verstand erfassen müsse. Wie sonst sollte man Gewissheit erlangen?

Allerdings hat sich herausgestellt, dass wir mit dem Verstand die Dinge nicht wirklich erkennen und wissen können. Wir können sie vielleicht *verstehen*, aber das ist nicht das Gleiche wie *wissen*. Wissen hat im Grunde genommen nichts mit Denken zu tun, sondern entsteht vielmehr – wie bereits beschrieben – durch das direkte Erleben.

Was wir traditionell als „Wissen" bezeichnen, besteht in Wahrheit aus zwei Teilen; der Unterschied zwischen beiden ist nicht allgemein bekannt; tatsächlich sind sie so ineinander verwoben, dass sie in der Regel nicht getrennt betrachtet werden. Ich unterscheide die beiden Teile des Wissens wie folgt:

- Erlebtes Wissen
- Intellektuelles Verstehen

Erlebtes Wissen oder Erfahrungswissen ist der erste Teil. Wir müssen etwas zunächst unmittelbar erfahren, um wirklich zu wissen, was es ist. Wie bereits erwähnt können Sie den lieben langen Tag darüber reden, wie eine Erdbeere schmeckt, aber wenn Sie noch nie eine probiert haben, kann keine noch so gute Beschreibung Ihnen den Geschmack vermitteln. Sie müssen schon selbst in eine hineinbeißen. Dann verfügen Sie über die Erfahrung, haben den Geschmack der Erdbeere tatsächlich erlebt und „wissen", wie sie schmeckt.

Wenn Sie also die Erdbeere gekostet haben, folgt darauf die intellektuelle Verarbeitung der Erfahrung. Sie wissen nun, dass eine Erdbeere süß und saftig ist und manchmal auch ein wenig säuerlich und so weiter. Jeder Versuch, dies allein mit dem Verstand erfassen zu wollen, ohne das direkte Erlebnis zu haben, kann nur zu Spekulationen führen, die weit vom wahren Erleben entfernt sein können.

Wir erlangen ein Gefühl der Sicherheit, wenn es eine Übereinstimmung gibt zwischen dem, was wir erleben, und dem, was uns unser Verstand sagt. Unser Verstandeswissen wird dabei durch die „Realität" unserer unmittelbaren Erfahrungen bestätigt. Das wiederum lässt uns noch stärker glauben, dass das Wissen im Verstand angesiedelt sei. Das gedankliche Verstehen ist so eng mit dem direkten Erleben verbunden, dass es sich für uns so anfühlt, als „wüsste" der Verstand etwas. Das stimmt zwar nicht, bewirkt aber in der Folge die tiefsitzende Konditionierung, die Dinge mit dem Verstand erfassen zu müssen. Nur dann fühlen wir uns sicher und treffen zuversichtlich Entscheidungen.

Schauen wir uns die Ursachen für das Unbehagen, das Unsicherheit auslöst, doch einmal etwas näher an.

Denken hat nichts mit unserer körperlichen Wahrnehmung durch die Sinne zu tun. Für das Denken setzen wir vielmehr andere, subtilere Sinne ein, die auch als „feinstoffliche" Sinne bezeichnet werden.

Unsere Sinnesorgane, also Ohren, Nase, Mund, Haut und Augen, sind „Aufnahmeinstrumente". Die Ohren beispielsweise sind wie Mikrofone. Sie nehmen die Schallschwingungen in der Luft wahr und wandeln sie in elektrische Impulse um, die zum Gehirn wandern. Wir erleben und interpretieren diese Impulse dann in unserem *Bewusstsein* und kommen durch diesen gesamten Prozess zu der Erfahrung von Klängen und Geräuschen. Das Hören findet also nicht eigentlich in den Ohren statt. Die tatsächliche Erfahrung der Klänge machen wir in unserem Bewusstsein. Man könnte dies daher als den *feinstofflichen Gehörsinn* charakterisieren.

Betrachten Sie es einmal so: Wenn Sie Gedanken im Kopf haben, dann hören Sie diese Gedanken nicht mit Ihren physischen Ohren. Sie hören sie unmittelbar in Ihrem Bewusstsein. Der „Mechanismus", der uns dies ermöglicht, lässt sich als *feinstofflicher Gehörsinn* bezeichnen.

Alle unsere fünf Sinne verfügen über solche feinstofflichen Ausprägungen. Beim Wahrnehmen unserer *Gedanken* kommen hauptsächlich die subtilen Sinne des Hörens, Sehens und Tastens (oder Fühlens) zum Einsatz: Manche Gedanken erreichen uns ja in Form von Worten und Sätzen; andere erscheinen als Bilder vor unserem „geistigen Auge"; und bei wieder anderen scheint es eher so, als hätte man eine Art von Ahnung – das geht dann eher in Richtung *Fühlen*. Man könnte also sagen, dass Gefühle Erfahrungen sind, bei denen wir den „feinstofflichen Tastsinn" einsetzen.

Erfahrungen mit diesen *subtilen* Sinnen erzeugen nicht die gleiche Art von Gewissheit und Sicherheit, wie das beim Erleben über die *physischen* Sinne der Fall ist. Wir wollen dies einmal näher betrachten, um besser zu verstehen, wie wir uns von dem mit Ungewissheit verbundenen Unbehagen befreien können. Schon allein das Wort *Ungewissheit* hat eine Art von negativem Beiklang, weil Menschen mit dieser Ungewissheit so viele unangenehme Erfahrungen gesammelt haben. Dabei ist Ungewissheit an sich weder positiv noch negativ. Nur das *Erleben* von Unsicherheit lässt uns diese Einschätzung vornehmen. Das Hauptproblem hierbei ist die Erwartung, dass man alles mit dem Kopf verstehen sollte.

Es gibt eine Art von *Befriedigung*, die damit verbunden ist, dass wir Erfahrungen in unserem Kopf *ordnen*. Wenn wir diesen Vorgang zu unserer Zufriedenheit abgeschlossen und etwas „kapiert" haben, beruhigt sich der Verstand und das fühlt sich besser an, als wenn wir weiter gedanklich „rotieren". Das ist im Übrigen einer der Vorteile der traditionellen Formen der Psychotherapie: Sie können zur Beruhigung des Geistes beitragen, indem sie uns helfen, intellektuell zu verstehen, wodurch ein bestimmtes Problem hervorgerufen wurde.

Allerdings lässt sich diese Ruhe nicht mit dem tiefen Frieden vergleichen, den ein Wissen mit sich bringt, das grundlegender ist als alles, was der Verstand begreifen kann. Und solange man nicht diesen tiefen Frieden erreicht, kann der Verstand noch so viel „verstehen" – es bleiben Gefühle von Zweifel und leichtem Unbehagen.

Zwei Arten von Gedanken – Denken und Wissen

Das Unbehagen, das durch Ungewissheit ausgelöst wird, stammt teilweise daher, dass wir zwei verschiedene Arten von Gedanken haben: solche, die auf „Denken" basieren, und solche, die auf „Wissen" beruhen.

Denken bedeutet, dass wir uns in unserem Verstand Gedanken ausdenken. Diese Arten von Gedanken bilden sich aus dem Wunsch heraus, Gewissheit und Sicherheit zu erlangen. Wir benutzen sie als Gegenmittel für die Angst oder das Unbehagen, die Ungewissheit in uns auslöst. Unglücklicherweise erzeugen sie aber nur eine Scheinsicherheit. Wir versuchen, das Universum dazu zu bewegen, Dinge auf eine bestimmte, von uns gewünschte Weise geschehen zu lassen, damit sich die jeweiligen Umstände für uns angenehm anfühlen.

Aber das Universum lässt sich nicht unter Druck setzen und kapitulieren tut es schon gar nicht. Sie marschieren also fröhlich durchs Leben, gefangen in der Illusion, dass die Dinge genau so passieren werden, wie Sie es sich wünschen. In Wahrheit aber läuft nichts so ab, wie Ihr Verstand sich das ausgedacht hat, weil die von Ihnen erfundene Geschichte nur in Ihrem Kopf existiert und nicht in der wirklichen Welt. Die Dinge laufen also nicht wie geplant und Sie regen sich darüber auf.

Die andere Kategorie von Gedanken, die wir haben, könnte man als *wahrnehmende Gedanken* bezeichnen oder sie dem zuordnen, was ich zuvor bereits als *Erinnern der Zukunft* charakterisiert habe. Diese Gedanken kann man unter die Kategorie „Wissen" fassen, weil es um die direkte Erfahrung von etwas geht, selbst wenn das Erfahrene in Raum und Zeit noch weit von Ihnen entfernt ist. Es bedeutet, dass Sie etwas über die *subtilen* Sinne erfahren und nicht über die physischen.

Es gibt also Gedanken, die das Ergebnis einer intuitiven Erfahrung von etwas sind, das erst kommen wird. Selbst wenn Sie in Raum und Zeit noch ein Stück weit von der Erfahrung entfernt sind, wenn diese also noch nicht eingetreten ist, haben Sie eine *Vorahnung* davon, dass sie passieren wird. Diese Art von Gedanke resultiert daraus, dass Sie etwas „sehen" oder „fühlen", was tatsächlich auf Sie zukommt, aber noch nicht da ist. Wir bezeichnen diese Art von Gedanken auch als Intuitionen, Vorahnungen, Wünsche, Intentionen oder ähnlich. Das sind Ihre *wissenden Gedanken*.

Wir unterscheiden also zwischen zwei Arten von Gedanken – *Denken* und *Wissen*. Den meisten Menschen fällt es schwer, diese beiden Gedankentypen zu unterscheiden. Die Tatsache, dass wir nicht zwischen Denken und Wissen unterscheiden, führt zu etwas sehr Interessantem, das mit der Natur unserer Sinne zu tun hat.

Die gröberen, physischen Sinne erzeugen Erfahrungen, die uns sehr real vorkommen. Dieses Gefühl von Realität entsteht durch die Nähe der Objekte, die erfahren werden. Um etwas über unsere physischen Sinne erfahren zu können, müssen wir uns in der Nähe befinden.

Glaubt man den Physikern, so „berühren" wir in Wirklichkeit niemals etwas. Wir kommen dem Objekt sehr nahe, aber Atome, subatomare Teilchen und so weiter stoßen niemals wirklich zusammen. Es wäre wohl auch kein schöner Anblick, wenn sie dies tun würden. Es scheint so zu sein, dass wir, wenn wir einer Sache nahe genug sind, um sie mit unseren physischen Sinnen erfahren zu können, einfach nur nahe genug an das elektromagnetische Feld der Sache kommen und dadurch das *Gefühl* haben, wir würden sie berühren oder mit den Sinnen wahrnehmen.

Vielleicht wenden Sie jetzt ein, dass wir doch auch das Licht von Sternen sehen können, die Tausende Lichtjahre von uns entfernt sind. Das stimmt zwar, aber das Licht, das wir als den Stern wahrnehmen, ist Licht, das in diesem Moment in der Nähe unserer Augen ankommt, und nicht jenes, das der Stern gerade aussendet. Das Licht, das wir im Moment wahrnehmen, hat den Stern schon vor Tausenden von Jahren verlassen …

Wenn wir Dinge mit unseren Sinnen erleben, die sich in unserer Nähe befinden, scheint uns die wahrgenommene „Realität" dieser

Erfahrung eine Art von Gewissheit zu geben. Dieses Gefühl der Gewissheit entsteht durch die Übereinstimmung zwischen dem direkten Erleben und der Fähigkeit des Verstandes, die Erfahrung sofort zu beschreiben oder einzuordnen. Dadurch erscheint uns etwas als real, als verlässlich. Es steckt eine Art von Gewissheit und Sicherheit darin. Die *physischen* Sinne scheinen uns zuverlässig die wahre Erfahrung des Moments zu vermitteln. Und diese Zuverlässigkeit hat etwas Angenehmes und Beruhigendes.

Im Gegensatz dazu leitet sich das Gefühl des *Wissens* von der direkten Erfahrung ab, nicht vom intellektuellen Verstehen. Das Wohlgefühl, von dem ich spreche, liegt nicht in der Art der jeweiligen Erlebnisse selbst begründet, sondern eher in der simplen Tatsache der scheinbaren Realität der Erfahrung, sei sie nun positiv oder negativ.

Erfahrungen, die wir unter Einsatz der *subtilen* Sinne machen, haben eine andere Qualität. Sie sind abstrakter. Wie bereits erläutert „hören" wir *Gedanken* nicht mit den Ohren. Wir hören sie unmittelbar in unserem Bewusstsein; das ist der feinstoffliche Gehörsinn.

Weil beide Arten von Gedanken – *Denken* und *Wissen* – von uns als Gedanken wahrgenommen werden, können die meisten Menschen nicht klar zwischen ihnen unterscheiden.

Das „Erinnern der Zukunft" kann jedoch sehr zuverlässig funktionieren und klar und deutlich hervortreten, wenn es nicht von anderen, „ausgedachten" Gedanken überlagert wird. Und weil das Erfinden von Geschichten über das, was wir für das Richtige halten und was passieren soll, nicht automatisch das Gewünschte passieren lässt, kommt es zu Konflikten und Verwirrung.

Die meisten Menschen unterscheiden nicht zwischen ihren intuitiven Gedanken und den Geschichten, die sie erfinden. Das erzeugt eine gewisse Unzuverlässigkeit des Denkens und in der Folge des Lebens selbst. Und es ist die Hauptursache dafür, dass Ungewissheit uns so zu schaffen macht.

Sowohl Erwartungen als auch Projektionen werden als Gedanken erlebt – ebenso wie unsere Wahrnehmung der Dinge, die tatsächlich real (aber noch nicht hier) sind. Bei letzteren handelt es sich um die Dinge, die passieren werden. Wir sind ihnen nur noch nicht nahe genug. Jeder von uns kennt diese Erfahrung des Sicherinnerns an die Zukunft. Wir bezeichnen sie als *Intuition* und in der Regel trauen wir ihr nicht. Wenn Sie einmal darüber nachdenken, werden Sie sich an Momente erinnern, in denen Sie etwas intuitiv wussten, aber nicht danach handelten. Später werden Sie sich dann vermutlich geärgert haben, weil Ihre Intuition sich als richtig erwies.

Das ist genau die Art von Problem, die aus dem Dilemma resultiert, dass Sie nicht in der Lage sind, zwischen Ihrem Denken und Ihrem Wissen zu unterscheiden. Diese mangelnde Fähigkeit zur Unterscheidung lässt Sie nicht nur Ihrer Intuition misstrauen, sondern erzeugt auch das Unbehagen in Bezug auf jede Form von Ungewissheit.

Es kommt auch vor, dass Menschen versuchen, das Unbehagen, das sie angesichts von Ungewissheit überfällt, zu ignorieren, indem sie keinen Millimeter von einer einmal getroffenen Entscheidung mehr abrücken. Aber wenn sie ihrer Intuition nicht trauen und nicht danach handeln, können sie noch so standhaft an ihrer Entscheidung festhalten – das Universum werden sie so in der Regel nicht dazu bringen, sich gemäß ihrer egogesteuerten nutzlosen Emotionen zu verhalten.

Wir alle haben bereits eine Menge Erfahrungen von beiderlei Art (solche, die auf Denken, und solche, die auf Wissen beruhen). Wichtig ist, sich bewusst zu machen, dass die Gedanken, die auf von uns erfundenen Geschichten basieren, nicht Wirklichkeit werden können, weil sie nur in unserem Kopf existieren und nicht in der realen Welt. Das Verrückte ist, dass die Momente, in denen wir uns „an die Zukunft erinnern", tatsächlich in der realen Welt stattfinden, uns aber nicht real vorkommen, weil wir sie als räumlich und zeitlich von uns entfernt erleben. Ohne die Nähe und „Realität", die uns unsere physischen Sinne vermitteln, wissen wir nicht, welche unserer Gedanken real sind und bei welchen es sich einfach um Dinge oder Geschichten handelt, die wir erfinden.

Wie bereits gesagt tun sich die meisten Menschen schwer damit, diese Unterscheidung zu treffen. Und wenn man nicht unterscheiden kann zwischen dem, was man wahrnimmt, und einer Geschichte, die man erfindet, erscheinen einem die Rückmeldungen der subtilen Sinne weniger zuverlässig als die unserer (gröberen) physischen Sinne. Am Ende führt dies dazu, dass wir uns viel zu sehr auf unseren Verstand verlassen.

Wie nun kann man unterscheiden zwischen einem Gedanken, der aus einer Geschichte stammt, und einem Gedanken, der sich aus der Wahrnehmung von etwas herleitet, was sich tatsächlich auf uns zubewegt und letztendlich zu einer „echten" Erfahrung wird, wenn wir mit unseren physischen Sinnen nahe genug herangekommen sind?

Eine Möglichkeit besteht darin, zu überprüfen, ob mit dem Gedanken irgendeine Art von „emotionaler Energie" verbunden ist. Wenn dies so ist, wird sich die Energie wie eine Wolke oder Aura aus Energie anfühlen, die von Ihrem Körper in den Raum um Sie herum ausstrahlt. Wenn es eine solche Energie gibt, dann handelt es sich höchstwahrscheinlich um eine Geschichte, die Sie erfunden haben – und um einen Kandidaten für die SEE-Technik.

Wenn eine Geschichte mit einem Energiefeld verbunden ist, dann bedeutet dies, dass uns eine emotionale Reaktion mit der Geschichte verbindet. Handelt es sich bei der Geschichte um eine Erwartung, dass das Leben uns etwas Bestimmtes bringen soll, dann gibt es da einen Teil von uns, der genau weiß, dass es nur eine Geschichte ist und kein Teil der Wirklichkeit. Aus diesem Grund ist im Moment des Erfindens der Geschichte bereits ein Hauch der Energie von Enttäuschung oder Wut oder Frustration darüber vorhanden, dass das Gewünschte nicht wirklich eintreten wird.

Wenn wir uns bei bestimmten Gedanken ängstlich fühlen oder uns Sorgen machen, bedeutet dies, dass es sich bei der von uns erfundenen Geschichte um die Projektion eines möglichen negativen Ergebnisses in der Zukunft handelt. Die emotionale Reaktion auf eine solche Geschichte kann sogar noch deutlicher ausfallen als die Frustration, Enttäuschung oder Wut aufgrund einer unerfüllten Erwartung.

Man bezeichnet dieses Phänomen als *Identifikation*. Das bedeutet, dass Sie einen Teil Ihres Selbstgefühls aus etwas ziehen, was nichts mit dem zu tun hat, der Sie sind …, sich aber wie ein Teil von Ihnen anfühlt.

Wenn eine Geschichte, die Sie sich ausdenken, eine emotionale Reaktion bei Ihnen auslöst, dann strahlt die zugehörige Energiewolke in den Raum um Sie herum und umgibt Sie. Sie sehen die Welt dann durch den Schleier dieser Energiewolke – so, als würden Sie eine getönte Brille tragen. Die Energie der emotionalen Wolke färbt alles ein und dadurch erscheinen sowohl die Energie als auch die Geschichte Ihnen äußerst „real". Wohin Sie auch blicken, die Welt scheint durch den Einfluss Ihrer Geschichte eingefärbt zu sein. Das wiederum führt dazu, dass Sie Ihrer eigenen Geschichte Glauben schenken. Sie beginnen also, im Einflussbereich dieser Energiewolke zu leben, als wäre sie real.

Wenn Sie feststellen, dass mit einem Gedanken Energie verbunden ist, können Sie die SEE-Technik darauf anwenden und das Energiefeld einfach auflösen. Sobald Sie sich aus dem Energiefeld der Identifikation herausgezogen und die Geschichte aufgelöst haben, bekommen Sie Zugang zur reinen Bewusstheit. Der Gedanke und das zugehörige Energiefeld sind dann nicht mehr vorhanden.

Als Nächstes können zwei Dinge passieren:

– Entweder finden Sie nun Zugang zu der Klarheit, die Ihnen zuvor gefehlt hat, und Sie sind bereit, auf der Grundlage dieser Klarheit zu handeln.

– Oder Sie werden gewahr, dass Sie noch nicht über volle Klarheit verfügen, aber es fühlt sich nicht mehr unangenehm an. Es ist einfach noch nicht an der Zeit, Klarheit zu haben. Auch das ist im Übrigen eine Form der Klarheit – Sie sind sich darüber im Klaren, dass Sie noch keine Klarheit haben.

Auch für diese Situation gibt es übrigens eine Technik der reinen Bewusstheit, die Sie einsetzen können: die WAIT-Technik. Die Abkürzung WAIT steht in diesem Fall für *Waiting Accesses Intuitive*

Truth, was nichts anderes bedeutet, als dass man durch _Warten_ Zugang zur intuitiven Wahrheit erhält. Es handelt sich hierbei in vielerlei Hinsicht um die schwierigste Technik. Das Ego möchte _jetzt sofort_ wissen und verstehen. Aber es gibt einen Grund dafür, dass die Zeit noch nicht reif ist, und der Verstand hat nun einmal keinen Zugang zu den Beweggründen des Universums.

Das Gesetz des geringsten Aufwands ist auch dann aktiv, wenn es noch nicht an der Zeit ist, etwas zu wissen. Wenn Sie die Botschaft zu früh erhielten, würden Sie womöglich selbst aktiv werden und befänden sich nicht mehr im Einklang mit den Plänen des Universums. Sie erhalten die Botschaft daher erst dann, wenn es an der Zeit ist, und keinen Moment früher. In solchen Situationen ist Abwarten die einzig richtige Verhaltensweise. Wenn das Warten oder die Notwendigkeit des Wartens zu emotionaler Aufladung führt, setzen Sie am besten die CORE- oder die SEE-Technik ein, um die Emotionen aufzulösen.

Fassen wir noch einmal zusammen:

Die Energie des Unbehagens aufgrund von Ungewissheit wird vor allem durch die Unfähigkeit hervorgerufen, zwischen zweierlei Arten von Gedanken zu unterscheiden – jenen, die durch Geschichten hervorgerufen werden, und jenen, die Erinnerungen an die Zukunft darstellen. Daraus ergibt sich gleichzeitig die Unfähigkeit zu unterscheiden, welche Gedanken „real" sind und welche nicht.

Erschwert wird das Ganze natürlich dadurch, dass wir es gewohnt sind, uns sehr stark auf unseren Verstand zu verlassen. In Momenten der Ungewissheit kann er uns allerdings nicht helfen, denn es gibt nichts, was es intellektuell zu verstehen gälte. Die Lösung für diese Situation liegt darin, sich von dem Gefühl freizumachen, immer alles mit dem Intellekt verstehen zu müssen. Es geht um einen Perspektivwechsel, um eine Einstellungsveränderung – weg von der

Notwendigkeit, stets alles zu verstehen, und hin zu dem Vertrauen, dass Sie Ihr „Wissen" aus Ihren *subtilen* Sinnen beziehen werden.

Damit Sie dieses Vertrauen entwickeln, müssen Sie auf das Energiefeld der Gewohnheit zugreifen, alles immer mit dem Verstand verstehen zu wollen. Setzen Sie hierfür die GPS-Technik ein und sagen Sie: „Mein Körper, zeige mir die Energie der Gewohnheit, alles immer mit dem Verstand verstehen zu müssen". Sobald Sie die Energie dieser Gewohnheit im Blick haben, setzen Sie am besten die SEE-Technik ein, um sie aufzulösen. Ist dies erfolgt, verschwindet auch das Unbehagen angesichts von Ungewissheit und Sie haben Zugang zu dem ruhigen, inneren, wissenden Ort in Ihnen, den Sie als reine Bewusstheit kennen. Die Klarheit kommt dann ganz von allein, wenn die Zeit dafür reif ist. Dies kann durchaus sofort sein, wenn es allein die Gewohnheit war, die Ihnen die Sicht versperrt hat. Anderenfalls stellt sie sich dann ein, wenn der richtige Zeitpunkt gekommen ist.

Wenn Sie diese Gewohnheit wirklich ein und für allemal ablegen, wird sich Ihr Leben grundlegend verändern. Sie werden das Wissen um die Sicherheit und Perfektion der Dinge nicht mehr mit dem Verstand zu erfassen suchen. Stattdessen werden Sie einfach innerlich *spüren*, dass alles sicher und perfekt ist, auch wenn Sie es nicht intellektuell erklären können.

Sich von unrealistischen Erwartungen befreien

Wie bereits erwähnt besteht ein Unterschied zwischen dem *Unbehagen*, das Ungewissheit hervorruft, und der *Angst* im Angesicht von Ungewissheit. Hier möchte ich nun erklären, wie Sie sich von der *Angst* vor dem Ungewissen befreien.

Wie Erwartungen entstehen

Wir entwickeln Erwartungen, weil wir steuern möchten, was wir in unserem Leben erleben. Dem zugrunde liegt die Angst, es könnte etwas passieren, mit dem wir nicht umgehen können. Wenn wir eine

Geschichte darüber erfinden, wie das Leben sich abspielen soll, dann gibt uns das ein Gefühl von Sicherheit und Kontrolle. Dieses Gefühl ist allerdings trügerisch, eine reine Illusion, denn das Universum lässt sich grundsätzlich zu nichts zwingen. Sie können es nicht davon überzeugen, das Leben so zu gestalten, wie Ihr Ego sich das ausmalt.

Viele auf dem Feld der persönlichen Entwicklung tätigen Berater und Coaches propagieren das Konzept, dass jeder sich seine eigene Realität erschaffe. Diese Idee hat ihren Ursprung in der Identifikation mit dem Ego. Wir sind zutiefst darauf konditioniert zu glauben, dass *wir* die Urheber unserer Handlungen beziehungsweise die „Macher", die Handelnden seien.

Die Vorstellung „Ich erschaffe mir meine eigene Realität" ist aber nur dann richtig, wenn das Gefühl dafür, wer oder was wir sind, sich aus der reinen Bewusstheit speist. Interessanterweise ist es, wenn man einmal in der reinen Bewusstheit verankert ist, nicht mehr wirklich von Belang, ob man seine eigene Realität erschafft oder nicht. Allerdings werden Sie den Unterschied zwischen der Vorstellung, der „Handelnde" zu sein, und dem Wissen, ein Ausdruck reiner Bewusstheit zu sein, durch den die Gesetze der Natur wirken, erst dann richtig verstehen können, wenn Letzteres zu Ihrer neuen Realität geworden ist.

Wie Sie die Gewohnheit, Erwartungen zu hegen, auflösen

Beim Auflösen dieser Gewohnheit gilt es, zwei Ebenen zu beachten. Wie man die Energiefelder von Reaktionen auf unerfüllte Erwartungen auflöst, haben Sie bereits im Abschnitt „Umgang mit Enttäuschungen, Wut und Frustration" gelernt. Hier gehen wir nun noch eine Ebene tiefer und lösen die *grundlegende* Angst vor dem Ungewissen auf, die uns überhaupt erst dazu bringt, Erwartungen zu haben.

Mittlerweile haben Sie vielleicht bereits mehrfach mithilfe der SEE-Technik Energien aufgelöst, die mit Reaktionen auf unerfüllte Erwartungen zu tun hatten. Damit einhergehend sind Sie dann auch schon sensibler dafür geworden, wann Sie beginnen, eine *neue* Erwartung aufzubauen.

Außerdem haben Sie dann erkannt, dass jede neue Erwartung eine neue *Reaktion* auslöst, die Sie später wieder auflösen müssen. Je mehr Energien dieser Art Sie auflösen, umso bewusster nehmen Sie Ihr eigenes *Kreieren* von Erwartungen wahr. Wenn Sie in der Folge immer weniger Erwartungen aufbauen, bedeutet dies, dass Sie immer besser mit der Ungewissheit leben können, ohne Angst oder Unbehagen zu verspüren. Wenn Ihnen dies gelingt, sind Sie einfach nur präsent im Jetzt, sind Sie ganz bei dem, was im jeweiligen Moment geschieht. Sie spüren nicht den Drang, das Geschehen zu steuern oder zu kontrollieren. Und Sie werden erkennen, dass das Kreieren von Erwartungen nichts anderes war als der Versuch, alles unter Kontrolle zu haben.

Wenn Sie also gerade dabei sind, diese neue Fähigkeit des Präsentseins zu kultivieren und mit der Ungewissheit zu leben, können wir uns auch gleich daran machen, die grundlegende Angst vor dem Ungewissen aufzulösen, auf der dieser ganze Prozess basiert.

Nutzen Sie zum Auflösen dieser Angst zunächst einfach die GPS-Technik, um die *Energie* der Angst aufzuspüren. Setzen Sie dann die CORE- oder die SEE-Technik oder auch beide ein, um die Energie aufzulösen. Die zugehörige GPS-Botschaft lautet: „Körper, zeige mir die Energie der Angst vor dem Ungewissen." Denken Sie bitte daran, dass es in der Regel nicht mit *einem* GPS-Durchlauf getan ist. Begeben Sie sich daher nach dem Auflösen jedes Energiemusters in die Stille (in der Sie sich nach Abschluss der jeweiligen Technik wahrscheinlich ohnehin befinden werden) und fragen Sie den Körper erneut nach der Energie.

Achten Sie darauf, dass Sie wirklich *alle* Energien finden und auflösen, denn es ist durchaus möglich, dass der Körper einige „Sicherheitskopien" angelegt hat! Denken Sie daran, so lange nachzufragen, bis Sie zweimal hintereinander keine Reaktion bekommen.

8. Die häufigsten Stolpersteine und wie Sie sie umgehen

Es gibt einige Dinge, die dem Einsatz der Techniken zur reinen Bewusstheit im Wege stehen können. In diesem Kapitel werde ich sie kurz erläutern und Ihnen zeigen, wie Sie mit ihnen umgehen können. Denn Ihr langfristiger Erfolg beim Aneignen eines souveränen Umgangs mit Ihren Emotionen hängt unter anderem davon ab, dass Sie diese „Stolpersteine" in der Anwendung der Techniken beachten.

Wenn Sie die in diesem Buch vermittelten Techniken einsetzen, können die folgenden sieben Faktoren den Prozess verlangsamen oder Erfolg und Wirkung sogar verhindern:

– Die Energie ist sehr groß oder stark.

– Es gibt einen Torwächter.

– Sie strengen sich zu sehr an.

– Es gibt einen Schutzwall (eine „Firewall").

– Die Bewusstheit ist zu weit ausgedehnt.

– Es gibt Energiefelder mit mehreren Schichten oder Sicherheitskopien.

– Sie hören zu früh auf.

Manchmal erscheint es beim Einsatz der CORE-Technik so, als nähme das vollständige Wahrnehmen und Erleben der Energie unendlich viel Zeit in Anspruch. Wenn dies der Fall ist, sollten Sie überprüfen, ob eines der oben genannten sieben Hindernisse im Weg steht.

Die Energie ist sehr groß oder stark

Wahrscheinlich machen Sie gar nichts falsch, sondern der Prozess braucht einfach seine Zeit. Fahren Sie entspannt mit der Technik fort, bis sich die gesamte Energie aufgelöst hat.

Es gibt einen Torwächter

Mit dem Begriff „Torwächter" meine ich eine zusätzliche Energie, die die ursprüngliche überlagert und so den Abschluss des Auflösungsprozesses verhindert. In der Regel ist die emotionale „Torwächter-Energie" schon sehr lange vorhanden, sodass man sich als Person mit ihr identifiziert. Es besteht nun die Angst, dass mit dem Auflösen dieser Blockade auch ein essenzieller Teil des eigenen Selbst verloren gehen könnte. Aus diesem Grund muss der Torwächter bearbeitet werden, *bevor* der ursprünglich begonnene Prozess abgeschlossen werden kann.

Ein Torwächter verfügt über ein Energiefeld, das einem unendlich groß vorkommen kann. Es lässt sich in der Regel mit der SEE-Technik auflösen. Ist dies geschehen, kann das ursprüngliche Thema weiterbearbeitet werden. Manchmal werden Sie feststellen, dass sich zusammen mit dem Torwächter auch die Energie verabschiedet, die sich zunächst einer Auflösung widersetzt hatte. Sollte dies nicht der Fall und die Energie noch vorhanden sein, wird sie sich nun in jedem Fall leichter auflösen lassen.

Wenn Sie mit der CORE-Technik arbeiten, fühlt sich der Torwächter so an, als würde man beim Hinabtauchen in den Wirbel auf ein massives Hindernis stoßen, auf eine Barrikade, eine Sperre oder auf eine Art von Stopfen.

Auch bei Einsatz der SEE-Technik trifft man schon einmal auf einen Torwächter. Auch hier können Sie die GPS-Technik einsetzen und den Körper bitten, Ihnen das Energiefeld des Torwächters zu zeigen. Wie bereits erwähnt handelt es sich häufig um ein sehr großes Feld von SEE-Energien.

Es ist gut, zu wissen, dass Sie nicht mit dem Raumschiff bis ans Ende des Universums reisen müssen, um aus dem Energiefeld des Torwächters herauszukommen. Das liegt daran, dass sich ein Teil von Ihnen schon außerhalb davon befindet. Ich spreche von der Stille Ihrer eigenen Bewusstheit, die als *Beobachter* (von außen) aller dieser Erfahrungen fungiert. Das Einzige, was Sie tun müssen, ist, sich selbst die Wahrnehmung zu gestatten, dass *außerhalb* des Torwächter-Energiefeldes Stille herrscht. Sobald Sie diese Stille wahrnehmen, haben Sie das Energiefeld bereits verlassen. Dann begeben Sie sich einfach nur tiefer in die Ruhe und Stille hinein. Es kann sich anfühlen, als ob Sie sich außerhalb des physischen Universums aufhielten. Wahrscheinlich ist dies sogar der Fall. Reine Bewusstheit ist größer als das Universum.

Gehen Sie tief in diese Stille hinein und öffnen Sie sich dafür, wie unermesslich groß und grenzenlos sie ist. Versenken Sie sich in sie und betrachten Sie aus der Stille heraus das Energiefeld des Torwächters. Es wird bereits begonnen haben, sich aufzulösen. Gleichzeitig wird Ihnen bewusst werden, dass die Vorstellung, einen Teil von sich selbst zu verlieren, wenn Sie den alten seelischen Schmerz loslassen, reine Illusion ist.

Die Weite und Grenzenlosigkeit der reinen Bewusstheit ist das, was Sie wirklich sind. Und das werden Sie nicht verlieren, wenn Sie altes seelisches Leid auflösen. Diese Erkenntnis lässt in der Regel die Restenergie des Torwächter-Energiefeldes „verdunsten". Wenn die Angst nicht mehr da ist, einen Teil Ihrer selbst zu verlieren, wird der alte emotionale Schmerz sich häufig auch gleich verabschieden. Sollte dies nicht der Fall sein, lässt er sich nun aber ganz einfach auflösen, weil es gegen seine Auflösung keinen Widerstand mehr gibt. Gehen Sie zurück zur ursprünglichen Energie und arbeiten Sie mit der Technik weiter, die Sie bereits zuvor eingesetzt haben, bis sich alles aufgelöst hat.

Die Möglichkeit, auch Themen zu bearbeiten, bei denen ein Widerstand gegen Veränderung vorliegt, ist ein entscheidender Durchbruch und ein bemerkenswerter Aspekt des Konzepts *Human*

Software Engineering. Es stellt einen wichtigen Entwicklungsschritt dar, Torwächter-Energien zu erkennen und aufzulösen. Die meisten, die im Bereich Coaching oder Therapie tätig sind oder auf andere Weise Menschen dabei unterstützen, ihr Leben zu verändern, wissen nicht, wie man mit diesen Energien umgeht – noch nicht!

Sie strengen sich zu sehr an

Wenn Sie sich zu sehr bemühen, verlangsamt dies den gesamten Prozess, ganz gleich, welche der Techniken Sie anwenden.

Bei Einsatz der CORE-Technik:

Wenn Sie das Gefühl haben, das Auflösen eines Energiefeldes mithilfe der CORE-Technik nehme einen zu langen Zeitraum in Anspruch, dann treten Sie einfach innerlich einen Schritt zurück und versuchen Sie nicht länger, das „schlechte Gefühl" unbedingt loszuwerden. Anstatt etwas mit dem Gefühl „machen" zu wollen, begeben Sie sich in einen Zustand reiner Wahrnehmung. Mehr brauchen Sie für die Auflösung nicht zu tun. Es ist einfacher, als Sie denken.

Nachdem Sie die Verarbeitung der Erfahrung abgeschlossen haben, löst sich die Energie von selbst in Wohlgefallen auf, weil der Körper sie nicht mehr produzieren muss.

Unser Leben ist sehr stark davon geprägt, etwas zu erreichen, etwas zu vollbringen. Aber so funktionieren die Techniken der reinen Bewusstheit nicht. Entspannen Sie sich, lassen Sie los! Niemand hetzt Sie und es ist unwichtig, wie lange es dauert.

Bei Einsatz der SEE-Technik:

Wenn Sie die SEE-Technik einsetzen und sich zu sehr bemühen, kann es sich so anfühlen, als steckten Sie im Energiefeld fest und könnten nicht über seinen Rand gelangen. Ist dies der Fall, dann machen Sie sich bewusst, dass Sie sich gar nicht anstrengen müssen, um irgendwohin zu gelangen. Es ist keine Reise notwendig, kein Raumschiff, gar nichts.

Sie müssen nur die *Stille wahrnehmen*, die *jenseits* des Energiefeldes liegt. Es gibt einen Teil von Ihnen, der sich schon längst dort befindet, nämlich Ihre Bewusstheit. Nehmen Sie einfach wahr, dass Ihre stille Bewusstheit schon da ist. Sobald Sie die Stille wahrgenommen haben, die sich jenseits des Energiefeldes befindet, setzen Sie die Arbeit mit der SEE-Technik einfach wie gewohnt fort.

Es gibt einen Schutzwall (eine „Firewall")

Manchmal können CORE-Technik-Energien mit so großem emotionalem Schmerz verbunden sein, dass die normalen Verdrängungsmechanismen nicht ausreichen, um uns vor dem Fühlen des Schmerzes zu bewahren. Um nicht überwältigt zu werden, bauen wir dann eine Art von Schutzwall zwischen uns und dem intensiven Schmerz auf. Wir verstecken unseren Schmerz, damit wir ihn nicht fühlen müssen, hinter einer energetischen Mauer. Wenn ein solches Energiefeld vorliegt, haben Sie zwar womöglich das Gefühl, dass da etwas ist, aber Sie können es nicht fühlen. Um die Energie aufzulösen, die sich *hinter* dem Schutzwall-Energiefeld verbirgt, müssen Sie erst einmal Zugang zu ihr bekommen.

Dazu nehmen Sie zunächst Kontakt zum Schutzwall-Energiefeld selbst auf. Setzen Sie die GPS-Technik ein und bitten Sie Ihren Körper, Ihnen dieses Energiefeld zu zeigen. Setzen Sie dann die SEE-Technik ein, um zum äußeren Rand des Schutzwall-Energiefeldes zu kommen. Sobald Sie dort angelangt sind, haben Sie Zugang zu den Energien der Emotionen, die *hinter* dem Schutzwall verborgen liegen. In diesem Moment sollten Sie schnell zur CORE-Technik überwechseln.

Sie werden feststellen, dass diese Energien so intensiv sind, dass Sie weinen oder lachen müssen. Normalerweise sind Weinen und Lachen nicht hilfreich für den Auflösungsprozess, aber im Fall dieser intensiven Energien, die sich manchmal hinter Schutzwall-Energiefeldern verbergen, bleibt Ihnen möglicherweise gar keine Wahl.

Wenn es notwendig oder passend erscheint, zu lachen oder zu weinen, dann lassen Sie es einfach geschehen. Sobald sich der Gefühlssturm wieder etwas gelegt hat, gehen Sie zur CORE-Technik über und lösen die bislang verborgene Energie auf, um was es sich dabei auch immer handeln mag. Setzen Sie so lange die CORE-Technik ein, bis sie sich aufgelöst hat.

Die Bewusstheit ist zu weit ausgedehnt

Wenn Sie eine der beiden Varianten der CORE-Technik einsetzen – also entweder in den Wirbel in der Mitte des Energiefeldes eintauchen oder einfach nur das intensive Zentrum der Energie wahrnehmen und sich ihm immer wieder nähern –, können Sie Ihr Bewusstsein wie den Strahl einer Taschenlampe oder wie ein Scheinwerferlicht ausrichten. Anders gesagt: Es kann sein, dass Sie nicht fokussiert genug sind.

Wenn Sie Ihr Bewusstsein auf ein zu weites Feld ausdehnen, spüren Sie *mehr* von der Energie der Emotion, als notwendig ist, und verlängern so den Prozess des Abschließens der Verarbeitung unnötigerweise. Falls Sie den Eindruck haben, dass dies passiert, bündeln Sie ihre Aufmerksamkeit einfach wie einen Laserstrahl, den Sie genau auf die Mitte des Zentrums richten, in dem die Emotion am intensivsten ist. Wenn Sie die Variante gewählt haben, in den Wirbel einzutauchen, vermeiden Sie es, an den seitlichen Wänden anzustoßen. Wandern Sie stattdessen in der Mitte gerade herunter, bis Sie den Boden erreichen. Eine lasergleiche Fokussierung hilft Ihnen in jedem Fall dabei, die Energie möglichst effizient zu bearbeiten und aufzulösen.

Es gibt Energiefelder mit mehreren Schichten oder Sicherheitskopien

Manchmal besteht eine emotionale Energie aus mehreren Teilen. Das erscheint dann so, als lagerten die gleiche Energie oder sehr ähnliche Energien in mehreren Schichten oder aber an verschiedenen Stellen im Körper. Es gibt hier also zwei Varianten:

- Energieschichten am gleichen Ort
- Energieschichten an verschiedenen Orten

Wenn mehrere Energieschichten an der gleichen Stelle gespeichert sind, dann kann es sich so anfühlen, als wären sie aufeinandergestapelt, das heißt: Wenn Sie das Gefühl haben, Sie hätten eine Schicht durchdrungen, wartet schon die nächste auf Sie. Manchmal bestehen alle Schichten aus der *gleichen* Art von Energie. In anderen Fällen sind am gleichen Ort *unterschiedliche* Emotionen schichtweise gespeichert.

Beispiel: Ein Stapel von Energieschichten

Als ich selbst die CORE-Technik zum ersten Mal anwendete, fand ich bei mir vier Schichten, die aufeinandergestapelt waren. Die erste Schicht war Wut. Als ich diese Emotion „durchgespürt" und dadurch aufgelöst hatte, kam eine Schicht von Schmerz und Verletztheit, von deren Existenz ich vor dem Auflösen der Wut nicht einmal etwas geahnt hatte. Nachdem ich mithilfe der CORE-Technik die Emotion der Verletztheit gespürt hatte, entdeckte ich darunter eine weitere Schicht, eine Schicht tiefer Traurigkeit. Also setzte ich erneut die CORE-Technik ein, bis sich die Traurigkeit ebenfalls aufgelöst hatte. Die vierte und letzte Schicht war Einsamkeit. Als ich diese aufgelöst hatte, fand ich mich in der reinen Bewusstheit wieder und es waren keine emotionalen Energien mehr vorhanden.

Die Vorgehensweise ist wie folgt: Wenn Sie unter der ersten emotionalen Energie eine weitere finden, fahren Sie einfach damit fort, die CORE-Technik auf jeder Ebene anzuwenden, die Sie finden, bis nichts mehr übrig ist.

Manchmal kann sich das Gefühl einstellen, die Energie wandere in verschiedene Teile des Körpers. Sie beginnen mit der Anwendung der CORE-Technik und die erste Energie löst sich auf. Dann bemerken Sie plötzlich, dass es sich so anfühlt, als wäre die Energie an einen anderen Ort im Körper gewandert. Wahrscheinlich ist dies nicht der Fall, das heißt, die Energie hat sich nicht bewegt. Stattdessen haben Sie wahrscheinlich eine „Sicherungskopie" der gleichen oder einer ähnlichen Energie in einer anderen Körperstelle „geparkt". Das erweckt den Anschein, die Energie sei gewandert, während es sich in Wirklichkeit einfach nur um eine andere Version der ursprünglichen Energie handelt. Wenden Sie einfach die CORE-Technik auf die zweite Version der Energie an, bis sie aufgelöst ist. Es kann durchaus sein, dass mehrere Sicherheitskopien vorhanden sind. Kein Problem! Fahren Sie mit dem Einsatz der CORE-Technik fort, bis nichts mehr zu spüren ist.

Ob Sie an der *gleichen* Stelle im Körper oder an *verschiedenen* Körperstellen auf diese Mehrfachschichten treffen, das spielt keine Rolle. Machen Sie einfach weiter, bis sich alle Schichten und/oder Sicherungskopien aufgelöst haben. Es handelt sich einfach nur um eine besondere Art der Speicherung der Energie in Ihrem Körper.

Sie hören zu früh auf

Manchmal beginnen Sie sich bereits besser zu fühlen und haben den Eindruck, Sie könnten schon aufhören, bevor Sie das Energiefeld vollständig gespürt haben. Wenn Sie bereits eine Besserung wahrnehmen, aber gleichzeitig bemerken, dass noch Energie übrig ist, gehen Sie zurück, finden die Restenergie und lösen alles endgültig auf. Sich besser fühlen ist gut, aber vollständiges Auflösen ist optimal!

Da Sie nun wissen, was Sie in den hier aufgeführten Situationen zu tun haben, werden Sie die Techniken noch erfolgreicher einsetzen können.

9. Nicht vergessen, die Techniken einzusetzen!

Ein weiterer Schritt auf dem Weg zum souveränen Umgang mit Emotionen besteht darin, dass Sie *stets daran denken*, die erlernten Techniken auch wirklich einzusetzen. Uns allen kommt das Empfinden von Leid mittlerweile so normal vor, dass diese Angewohnheit möglicherweise selbst dann noch fortbesteht, wenn wir längst gelernt haben, wie man die ihm zugrunde liegenden *nicht nützlichen Emotionen* auflöst. Wir *vergessen* leicht, dass es einen Ausweg gibt. In diesem Kapitel werden Sie lernen, wie Sie die Techniken so in Ihr Leben *integrieren* können, dass Sie kein Leid mehr tolerieren.

Woran Sie immer denken sollten

Sobald Sie mithilfe der Techniken erst einmal spürbare Verbesserungen in Ihrem Leben bewirkt haben, sind Sie ganz von selbst motiviert, noch mehr solcher Erfahrungen zu sammeln. Allerdings gilt es einige langjährige Konditionierungen zu überwinden.

Das Erste und Wichtigste, was Sie also erkennen und schätzen lernen sollten, ist die Tatsache, um wie viel besser Ihr Leben durch den Einsatz der Techniken bereits geworden ist. An zweiter Stelle steht die Erkenntnis, dass Sie durch einen radikalen „Frühjahrsputz", der gründlich mit allen Ihren konditionierten Reaktionen und unnützen Emotionen aufräumt, Ihr Leben stärker zum Besseren verändern, als Sie es sich im Traum vorstellen können.

Das *Ziel* besteht darin, ständig aus dem Zustand reiner Bewusstheit heraus leben zu können. In diesem Seinszustand zu verweilen macht das Leben so wundervoll und erfüllend, dass Sie ein tiefes

Gefühl von Frieden, Zufriedenheit und bedingungsloser Liebe ver-
spüren werden. Es ist so gut, dass es sich nicht in Worte fassen lässt.
Wenn irgendetwas im Leben sich lohnt zu erreichen, dann ist es das
Erschaffen einer innerer emotionalen Landschaft, die so rein und
klar ist, dass Sie ständig aus der grenzenlosen Weite der reinen
Bewusstheit heraus leben.

Man hat lange geglaubt, das Erreichen dieses Zustands sei schwierig und koste viel Mühe und Zeit. Nun aber können Sie dank der
Entdeckung der Techniken zur reinen Bewusstheit ihre innere emotionale Landschaft sehr rasch aufräumen und reinigen. Es hat sich
herausgestellt, dass die beiden Datenbanken *nicht nützlicher Emotionen*, also die reaktiven Emotionen und die unbewältigten Erfahrungen, das Einzige sind, was einem Leben aus der reinen Bewusstheit
heraus im Wege steht. Und die gute Nachricht ist, dass die Anzahl
der Einträge in diesen Datenbanken endlich ist. Es gibt nicht unzäh-
lig viele!

Während des Prozesses des Entfernens der inneren Hindernisse,
die einem Leben in reiner Bewusstheit im Wege stehen, werden Sie
beginnen, Ihr gewohnheitsmäßiges Akzeptieren von Leid aufzuge-
ben. Je mehr positive Erfahrungen Sie beim Auflösen unnützer Emotionen sammeln, umso aufmerksamer werden Sie für alles, was Ihren
natürlichen Zustand inneren Friedens stört. Sie werden in diesem
Fall dem Störenfried gleich mit den erlernten Techniken zu Leibe
rücken, weil das zunehmende Leben im Zustand reiner Bewusstheit
immer wichtiger und kostbarer für Sie werden wird. Alles, was dem
im Wege steht, werden Sie beherzt angehen und aus dem Weg räumen.

Ein wundervoller Aspekt des ständigen Verweilens in reiner
Bewusstheit ist die Tatsache, dass es Ihnen den Zugang zu Ihrer inneren natürlichen Größe ermöglicht, sodass Sie Ihr wahres Wesen voll
ausdrücken und leben können. Und so sieht es aus, wenn Sie ständig
im Zustand reiner Bewusstheit verweilen:

- Sie vertrauen stets Ihrer Intuition und handeln danach.
- Sie sind frei gegenüber Vergangenheit und Zukunft.

- Vollständige Präsenz – Sie leben im gegenwärtigen Moment.
- Sie werten nicht mehr und Sie sind unvoreingenommen.
- Sie sind nicht mehr Spielball Ihrer Gefühle.
- Sie haben die Fähigkeit, alles zu fühlen.
- Spontanes Handeln im Einklang mit der Natur – Sie sind „Erfüllungsgehilfe" der Natur.
- Leben als reibungsloses Fließen – Leben im „Flow" oder der „Zone"
- Vollständige Selbstgenügsamkeit und Unabhängigkeit
- Vollkommenes Freiheitsgefühl
- Dauerhafter innerer Friede
- Freiheit von unangemessenen Ängsten

Die Energie der Angst erfüllt in unserem Körper eine natürliche Funktion. Sie gibt uns wichtige Informationen und bringt uns dazu, zu handeln, wenn wir in echter Gefahr sind. In der heutigen Zeit jedoch neigen wir dazu, Angst als konditionierte Reaktion zu erzeugen, auch wenn gar keine wirkliche Gefahr vorliegt. Wir erzählen uns selbst Geschichten, die mögliche negative Ergebnisse in der Zukunft betreffen, und erzeugen so die Angst, dass das Befürchtete tatsächlich eintritt. Unsere Interpretation von Gefahr wird immer noch von der Perspektive eines Kindes dominiert. Wenn wir uns davon lösen, können wir unser Leben frei von unangemessenen Ängsten führen.

Freiheit von Traumata

Die Energie von Traumata wird in unserem Körper gespeichert, weil wir nicht wissen, wie wir die Verarbeitung der vom Körper erzeugten Energie abschließen sollen. Wenn wir unsere Traumata mit sinnvollen Techniken auflösen, können wir ein Leben voll Freiheit und Glück führen und unser gesamtes Potenzial leben. Probleme gehören dann der Vergangenheit an. Abbildung 10 zeigt, wie es aussieht, wenn Sie sich von der Konditionierung durch alle 12 Hauptdynamiken befreit haben.

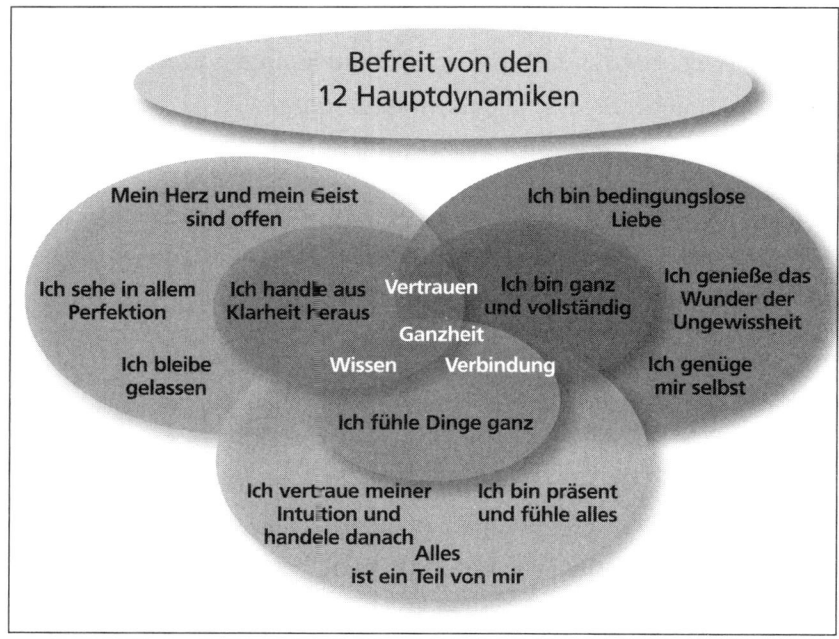

Abbildung 10

Die Herausforderung

Der Grund dafür, dass man vergisst, die Techniken anzuwenden, ist die heimtückische Macht der Konditionierung. Sie bringt uns dazu, Dinge *unbewusst* zu tun. Wir nehmen es hin, in reaktiven Emotionen gefangen zu sein und Dinge nicht vollständig zu fühlen, weil wir befürchten, von emotionalen Energien überwältigt zu werden.

Das Erste, was Sie daher tun sollten, ist, sich bewusst dafür zu entscheiden, den hier beschriebenen Weg zu gehen. Sie treffen die bewusste Entscheidung, ständig aus der reinen Bewusstheit heraus zu leben.

Die Lösung

Es gibt zwei Dinge, die Sie zusätzlich tun können und die Ihnen helfen werden, das Problem des Vergessens der Techniken zu umgehen.

1. Machen Sie einfach ein „Projekt" daraus!

Beschließen Sie, jeden Tag mit einer GPS-Sitzung zu beginnen, um alle Energien aufzulösen, die in irgendeiner Weise dazu beitragen, dass Sie nicht ständig in reiner Bewusstheit leben. Dazu nehmen Sie sich morgens als Erstes 20 bis 30 Minuten Zeit und setzen die GPS-Technik ein, um solche Energien aufzuspüren. Beginnen Sie, indem Sie sich mithilfe der GAP-Technik in die Stille hinter den Gedanken begeben.

Bitten Sie den Körper nun, Ihnen Energien zu zeigen, die Sie davon abhalten, ständig im Zustand der reinen Bewusstheit zu verweilen. Sie können auch spezifisch nach CORE-Technik-Energien oder SEE-Technik-Energien fragen. Wenn Sie auf diese Weise nach und nach alle Energien aufgelöst haben, werden Sie feststellen, dass Sie ständig in reiner Bewusstheit leben. Lassen Sie uns das gleich einmal üben, damit Sie genau wissen, wie Sie am besten vorgehen:

Anleitung

Begeben Sie sich mithilfe der GAP-Technik in den Hintergrund der Stille. Bitten Sie den Körper, Ihnen Energien zu zeigen, die sich mit der CORE-Technik auflösen lassen und die Sie davon abhalten, ständig im Zustand der reinen Bewusstheit zu verweilen. Sobald der Körper Ihnen die Energie zeigt, wechseln Sie zur CORE-Technik über und lösen sie komplett auf.

Wenn Sie dies regelmäßig zuhause durchführen, setzen Sie während Ihrer 20 bis 30 Minuten dauernden morgendlichen Übung immer wieder das GPS-System ein, um weitere Energien zu finden. Fahren Sie damit fort, bis keine Energien mehr übrig sind. Das kann durchaus einige Zeit in Anspruch nehmen – je nachdem, wie groß Ihr „Nachholbedarf" ist. Bei den meisten Menschen hat sich eine Menge angehäuft, denn wir sammeln diese Energien *nicht nützlicher Emotionen* schon unser Leben lang.

Wenn alle Energien aufgelöst sind, die Sie mit der CORE-Technik bearbeiten können, fahren Sie mit den SEE-Technik-Energien fort.

Gehen Sie in den Hintergrund der Stille. Bitten Sie den Körper, Ihnen SEE-Technik-Energien zu zeigen, die Sie davon abhalten, ständig im Zustand der reinen Bewusstheit zu verweilen.

Sobald der Körper Ihnen die Energie zeigt, wechseln Sie zur SEE-Technik über und lösen sie komplett auf. Arbeiten Sie so lange mit der GPS-Technik weiter, bis der Körper Ihnen keine SEE-Technik-Energien mehr zeigt. Fragen Sie mehrfach nach SEE- oder CORE-Technik-Energien, die Sie davon abhalten, ständig im Zustand der reinen Bewusstheit zu verweilen.

2. Optimieren Sie Ihren Tag

Sie können ein ähnliches Verfahren einsetzen, um Ihren Tag zu optimieren. Dabei gehen Sie ähnlich vor wie bei dem „Projekt", ständig aus der reinen Bewusstheit heraus zu leben. Setzen Sie die GPS-Technik ein, um Zugang zu allen Energien zu erhalten, die dem Erleben eines optimalen Tages im Wege stehen.

Sie können dies zu Beginn und am Ende jedes Tages tun. Wenn Sie sich für das Ende des Tages entscheiden, bitten Sie einfach Ihren Körper, Ihnen alle Energien zu zeigen, die einer optimalen Nacht im Wege stehen. Das ist übrigens eine wirksame Methode gegen Schlafstörungen. Wenn Sie eine Energie finden, gehen Sie zur CORE- oder zur SEE-Technik über und lösen die Energie so lange auf, bis nichts davon übrig ist.

Lassen Sie uns das Optimieren des Tages gleich einmal üben, damit Sie genau wissen, wie der Prozess abläuft, und sich schon einmal damit vertraut machen können. Vielleicht gibt es da etwas, was sich ereignet hat, hochgekommen ist oder von den während des heutigen oder vorherigen Tages gemachten Erfahrungen angestoßen wurde und nun verhindert, dass Ihr Tag optimal verläuft. Glücklicherweise müssen Sie sich beim Einsatz des GPS-Systems nicht daran erinnern, welches Ereignis genau für Ihren emotionalen Aufruhr verantwortlich ist. Möglicherweise ist Ihnen auch gar nicht bewusst, dass im Verlauf des Tages emotionale Energien entstanden sind, die noch nicht aufgelöst wurden. Auch dies liegt wieder daran, dass wir so sehr darauf konditioniert sind, Stress und emotionales Leid hinzunehmen und zu unterdrücken, dass uns deren Vorhandensein manchmal gar nicht bewusst ist.

Setzen Sie das GPS-System ein, um zu überprüfen, ob sich solche ungelösten Energien in Ihrem System befinden. Falls Sie etwas finden, wechseln Sie zur CORE- oder zur SEE-Technik über und lösen die Energien auf, bis nichts mehr übrig ist.

Zusammenfassung

Sie sind stark darauf konditioniert, Leid hinzunehmen. Treffen Sie die bewusste Entscheidung, Ihre beiden Datenbanken *nicht nützlicher Emotionen* so gründlich zu säubern, dass Sie den Übergang zu einem Leben in reiner Bewusstheit vollziehen.

- Machen Sie es sich zur täglichen Aufgabe, alles zu finden und aufzulösen, was einem Leben in ständiger reiner Bewusstheit im Wege steht.
- Denken Sie stets daran, Ihren Tag zu optimieren.

Diese beiden Projekte werden Sie optimal dabei unterstützen, sich das Einsetzen der Techniken zur neuen Gewohnheit zu machen. Natürlich können Sie die Techniken auch immer dann einsetzen, wenn Ihnen bewusst wird, dass es eine Gelegenheit dafür gibt, also beispielsweise, wenn Sie bemerken, dass die Nichterfüllung einer Erwartung Sie aus dem emotionalen Gleichgewicht bringt. Oder wenn Sie feststellen, dass Sie in Bezug auf irgendetwas ängstlich sind oder sich Sorgen machen. Oder vielleicht rührt ein Erlebnis an einen alten Schmerz aus der Vergangenheit (wie Kummer oder ein Trauma).

Wenn einer dieser Fälle eintritt, können Sie immer sofort eine der Techniken einsetzen. Auf diese Weise sammeln sich keine neuen Energiefelder mehr an, die Sie später bearbeiten müssen.

*

Wie Sie weitere Unterstützung finden können

In den nachfolgenden Kapiteln finden Sie Beispiele dafür, wie sich ein souveräner Umgang mit Emotionen auf verschiedene Bereiche Ihres Lebens auswirken kann: auf Beziehungen, Spiritualität, Bildung, Gesundheit, Beruf und Finanzen.

Es gibt viele Quellen, mit deren Hilfe Sie das Thema *Emotional Mastery* vertiefen können, beispielsweise Bücher, über das Internet abrufbare Seminaraufzeichnungen und an verschiedenen Orten stattfindende Workshops, Seminare oder Lernprogramme. Nähere Informationen dazu finden Sie auf dieser (englischsprachigen) Webseite: www.humansoftwareengineering.com

Diese Webseite enthält auch ein Registrierungsformular. Wenn Sie sich dort anmelden, erhalten Sie unsere Newsletter sowie Informationen über neue Lernmittel, Webinars, Seminare, Lernprogramme und andere hilfreiche Produkte. Wenn Sie zusätzlich die individuelle Hilfe eines zertifizierten HSE-Beraters in Anspruch nehmen wollen, finden Sie dazu auf dieser Website ebenfalls Informationen.

10. Emotional Mastery – Wie Sie mit emotionaler Souveränität Ihr Leben verändern

Emotionale Souveränität und Ihre Beziehungen zu anderen

Nahezu jedes Beziehungsproblem resultiert aus emotionaler Inkompetenz. Insofern ist die Entwicklung Ihrer Fähigkeit, souverän mit Gefühlen umzugehen, vermutlich das Sinnvollste, was Sie für die Verbesserung Ihrer Beziehungen zu anderen Menschen tun können.

Emotionale Inkompetenz kann Beziehungen auf vielerlei Weise untergraben. Lassen Sie mich Ihnen dies anhand eines Beispiels demonstrieren. Wir alle wissen aus eigener Erfahrung, wie es ist, mit jemandem über etwas zu streiten, und haben dies sicher auch schon bei anderen beobachtet. Die Wogen der Emotionen schlagen hoch und beide Beteiligten werden immer aufgebrachter. Häufig stehen am Ende Wut, verletzte Gefühle und Entfremdung. Kommt dies öfter vor, wie es in vielen Beziehungen der Fall ist, können sich Gefühle von Ablehnung und Feindseligkeit anstauen, bis eine „Chinesische Mauer" zwischen Ihnen und den Gefühlen der Verbundenheit und Nähe entstanden ist, die Sie einst für die andere Person verspürten. Ablehnung und Feindseligkeit sind der Todesstoß für jede Beziehung – sie treiben uns auseinander.

Was in solchen Situationen wirklich abläuft, ist Folgendes: Ein Partner hat eine Erwartung an den anderen und diese Erwartung wird nicht erfüllt. Die Person mit der Erwartung, die stark auf reaktive Emotionen konditioniert und nicht darin geschult ist, diese aufzulösen, drückt ihre Unzufriedenheit mit dem Partner aus. Der Partner wiederum hat seine eigene Datenbank mit nicht aufgelöstem emotionalem Leid und der Ausdruck der Unzufriedenheit, der ihn erreicht, rührt an einen Teil dieses alten emotionalen Schmerzes.

Dieses Anrühren alten Schmerzes führt zu einer Verteidigungsreaktion und schon ist ein Streit entfacht. Dieser schaukelt sich so lange hoch, bis eine Partei oder beide frustriert aufhören zu argumentieren. In der Zwischenzeit ist jede Menge Schaden entstanden und der Stapel der Vorwürfe an den anderen ist weiter angewachsen. Wir benötigen also eine wirkungsvolle Methode, um dieses destruktive Muster zu unterbrechen. Kann das Entwickeln emotionaler Kompetenz in Situationen dieser Art irgendwie helfen? Aber selbstverständlich!

Wenn ein Partner oder am besten gleich beide die Techniken der reinen Bewusstheit einsetzen, um ihre nutzlosen Emotionen aufzulösen, entfällt die emotionale Reaktion auf den ursprünglichen Ausdruck des Unmuts. Stattdessen kann man einfach präsent sein, den Ausdruck des Unmuts nicht als persönlichen Angriff betrachten und dem anderen aufmerksam bis zum Ende zuhören.

Wenn sich das für Sie unmöglich anhört, liegt das allein daran, dass Sie diese Ebene emotionaler Kompetenz bisher noch nicht erreicht haben. Somit konnten Sie noch nicht die Erfahrung machen, dass dies tatsächlich eine Möglichkeit darstellt. Das Erreichen dieses Grades an emotionaler Kompetenz ist im Übrigen nicht sehr weit verbreitet, sodass Sie dieses Verhalten wahrscheinlich auch noch bei keinem anderen Menschen beobachtet haben. Insofern ist es ganz natürlich, dass Sie an der Umsetzbarkeit dieses Vorschlags zweifeln. In Wirklichkeit ist es nicht nur möglich, dies zu praktizieren, sondern es ist auch gar nicht so schwierig, diese Fähigkeit zu erlangen.

Stellen Sie sich einfach einmal vor, Sie hätten sich über Ihren Partner geärgert und er wäre dazu in der Lage, Ihnen zuzuhören, ohne Sie zu unterbrechen oder sich verteidigen zu wollen. Schließlich ist das doch alles, was Sie sich wünschen: Sie wollen gehört werden und Sie wollen, dass man Sie ernst nimmt. Wenn Sie diese Art von Erfahrung machen möchten, werden Sie am besten selbst zu jemandem, der über die beschriebene Fähigkeit verfügt. Auf diese Weise können Sie Ihrem Partner das neue Reaktionsmodell vorleben, wenn er oder sie einmal wieder aufgebracht ist. Wenn Ihr Partner das Gefühl hat, dass Sie ihm wirklich zuhören und ihn ernst nehmen, wird er sich schnell beruhigen.

Wenn die Person mit der Erwartung gelernt hat, wie man die SEE-Technik einsetzt, kann sie ihre Reaktion auf die nicht erfüllte Erwartung auflösen und muss ihren Unmut nicht einmal mehr in einer Weise äußern, die den Partner verletzt. Hat dann auch noch der Partner, der normalerweise verletzt wäre, emotionale Kompetenz erreicht und den alten emotionalen Schmerz aufgelöst, der ansonsten durch den Ausdruck des Ärgers des Partners angestoßen würde, braucht er die Äußerungen des Gegenübers nicht mehr persönlich zu nehmen und kann ruhig und gelassen bleiben. Das Ergebnis: Der Streit entfällt und es bauen sich keine unguten Gefühle auf.

Das ist nur *eine* Möglichkeit von vielen, wie sich der souveräne Umgang mit Gefühlen positiv auf Ihre Beziehungen auswirken und sie bereichern kann. Man könnte ein ganzes Buch allein über dieses Thema schreiben – das habe ich übrigens auch getan: Es trägt den Titel *Extraordinary Relationships* und zeigt, wie man die wichtigsten und häufigsten Beziehungsprobleme klärt, indem man die nutzlosen Emotionen auflöst, die ihnen zugrunde liegen. Das Buch behandelt folgende Themen:

- Präsent bleiben (Wenn es hart auf hart kommt, bleibt der Weise präsent.)
- Liebe, die auf Selbstgenügsamkeit basiert
- Optimale Kommunikation
- Der Partner als Spiegel
- Wie man aufhört, sich mit seinen Eltern zu verabreden
- Wie man den idealen Partner anzieht
- Wie man aufhört, sich mit weniger zufrieden zu geben, als man eigentlich will

— Nähe und Unabhängigkeit – kein Widerspruch
— Die unterschiedlichen emotionalen Wellenlängen wertschätzen
— Die Eigenschaften verkörpern, die man sich vom Partner wünscht
— Finanzielle Integrität
— Ein großartiges Liebesleben

Emotionale Souveränität und spirituelle Entwicklung

Das Erreichen emotionaler Souveränität durch den Einsatz der Techniken reiner Bewusstheit ist ein essenzieller Teil echter spiritueller Entwicklung. Es gibt viele Meinungen darüber, was wahre Spiritualität bedeutet und ausmacht. In ihrer einfachsten Form ist sie einfach nur das dauerhafte Verweilen in reiner Bewusstheit. Und genau das erreichen Sie durch den Einsatz der in diesem Buch beschriebenen Techniken. Was einem Leben aus der reinen Bewusstheit heraus im Wege steht, das sind Ihre beiden Datenbanken *nicht nützlicher Emotionen.*

Ein besonderer Aspekt der in diesem Buch erlernten Techniken reiner Bewusstheit ist, dass sie Sie nicht nur (auf unterschiedlichen Wegen) in diesen Zustand versetzen, sondern während des Prozesses gleichzeitig alle Hindernisse beseitigen, die einem dauerhaften Verweilen im Zustand reiner Bewusstheit im Wege stehen. Menschen, die die bewusste Entscheidung treffen, alles und jedes aufzulösen, was einem Leben aus reiner Bewusstheit im Wege steht, und die diese Techniken wachsam und konsequent einsetzen, berichten häufig, dass sie dieses Ziel auch erreichen, vielfach innerhalb weniger Monate oder in ein bis zwei Jahren.

Die Techniken, die Sie erlernt haben, lösen das, was einem Leben in reiner Bewusstheit im Wege steht, so schnell auf, wie dies von keiner anderen Methode bekannt ist. So können Sie diese Lebensweise wesentlich schneller dauerhaft etablieren, als wenn Sie diesen Zustand allein durch Meditation zu erreichen suchen. Viele Menschen berichten zudem, dass mit der zunehmenden Klarheit ihrer Wahrnehmung und ihres Denkens und der fortschreitenden Entwicklung emotionaler Kompetenz ihre Wertschätzung für *alles*, auch für ihr spirituelles Leben, wächst und sie sich in jeder Hinsicht bereichert fühlen.

Ich möchte Ihnen gern eine Geschichte erzählen, die recht gut verdeutlicht, auf welche Weise der souveräne Umgang mit Emotionen das freudvolle Erleben von Spiritualität ermöglicht.

Ich habe 32 Jahre lang transzendentale Meditation (TM) praktiziert. 20 Jahre davon lebte ich in einer Stadt namens Fairfield, die im amerikanischen Bundesstaat Iowa liegt. Die TM-Bewegung hatte hier den Campus des früheren *Parson's College* erworben und die *Maharishi International University* eingerichtet. Ich zog in den 1980er-Jahren nach Fairfield und machte mich dort selbstständig. Zusätzlich arbeitete ich an der *Maharishi International University* als Gastdozent im Fachbereich Musik, da ich in meinem ursprünglichen Beruf klassischer Gitarrist und Komponist war.

Eines Tages Anfang der 1990er-Jahre befand ich mich auf dem Unigelände und traf einen Freund, der gerade in der Schweiz bei einem Treffen mit Maharishi Mahesh Yogi und einer Gruppe von Lehrern gewesen war, die schon lange TM unterrichteten. Wir unterhielten uns und er erzählte mir von einem Erlebnis, das er bei einem der Treffen mit Maharishi hatte. Er berichtete, jemand sei aufgestanden und habe zu Maharishi gesagt: „Maharishi, ich praktiziere regelmäßig TM, zweimal am Tag, seit nunmehr 25 Jahren … und ich fühle mich nicht sonderlich erleuchtet. Wie kommt das?"

Nach der Aussage meines Freundes wandte Maharishi sich mit seiner Antwort an die gesamte Gruppe und sagte: „Ihr alle habt die Bewusstheit, aber ihr habt aufgrund eurer Gewohnheiten keine Freude daran. Ihr müsst diese Gewohnheiten durchbrechen."

Ich war natürlich begierig darauf, zu erfahren, welche Gewohnheiten dem vollständigen Erleben und Genießen der bereits vorhandenen Bewusstheit im Wege stehen sollten und wie man sie durchbrechen konnte. Also fragte ich meinen Freund, was Maharishi dazu gesagt habe, und erfuhr, dass dies alles war.

Im ersten Moment war ich etwas enttäuscht, aber sofort danach hatte ich das klare und starke Gefühl, dass es meine Aufgabe sei, herauszufinden, welche Gewohnheiten Menschen davon abhalten, die bereits vorhandene Bewusstheit zu *leben*, und wie man sich am besten von diesen Gewohnheiten freimachen kann.

Von diesem Moment an war dies der treibende Faktor in meinem Leben. (Und mir scheint, dass ich ganz gute Fortschritte mache.) Die Erkenntnisse, die in meinen Modellen von den Hauptdynamiken menschlicher Konditionierung und von der Natur unserer Emotionen stecken, lassen die Grundlagen der Gewohnheiten klar erkennen, die Menschen in ihren Illusionen und emotionalen Reaktionen gefangen halten. Es sind genau diese Gewohnheiten, die Menschen davon abhalten, sich ihrer bereits vorhandenen Bewusstheit zu erfreuen.

Viele Menschen berichten, dass die regelmäßige Anwendung der Techniken einen schnelleren Fortschritt beim Genießen der Bewusstheit und aller anderen Aspekte ihres Lebens mit sich bringt als alles andere, das sie zuvor getan haben, einschließlich aller Arten spiritueller Praktiken.

Emotionale Souveränität und das Bildungswesen

Die meisten Erziehungs- und Bildungstheorien konzentrieren sich auf die *verstandesmäßige* Entwicklung. Es gibt praktisch keine Unterweisung darin, wie wir mit unseren *Emotionen* umgehen sollen. Das hängt größtenteils damit zusammen, dass im Grunde genommen alle Menschen emotional inkompetent sind, auch die Lehrer und die Menschen, die Lehrer ausbilden. Man kann anderen nichts beibringen, was man selbst nicht beherrscht. Deshalb war es bislang auch unmöglich, jemandem wahre emotionale Kompetenz zu vermitteln, weil kaum einer sie selbst verstanden oder erlebt hat. All dies kann sich nun ändern – dank der Entwicklung des Konzepts *Human Software Engineering* (HSE) und der Techniken reiner Bewusstheit.

Stellen Sie sich einmal vor, bereits die Schüler würden lernen, ihre unvollständig verarbeiteten Erfahrungen und reaktiven Emotionen aufzulösen. Wie wäre es wohl, in der (hoffentlich nahen) Zukunft in eine Schule zu gehen, in der alle Lehrer, Schüler und anderen Beteiligten emotionale Souveränität entwickelt haben?

Auf jeden Fall gäbe es viel weniger Probleme. Disziplinprobleme, Streitigkeiten unter Schülern oder Lehrern und Ähnliches – all das würde abnehmen oder sogar ganz wegfallen. Die Lernleistung würde sich steigern, weil die Schüler weniger abgelenkt wären und ihre Energie nicht in den Kampf mit ihren Gefühlen oder deren Unterdrückung investieren müssten. Das Leben in der Schule und zu Hause würde ganz normal und natürlich ablaufen. Beziehungen würden florieren. Schüler, Lehrer und Eltern würden einander respektieren und wären aufmerksam für die Bedürfnisse der anderen. Die Schule würde zu einem idealen Ort, an dem man mit Freude lernen und heranwachsen könnte.

Wenn die Schüler lernten, sich schon im jugendlichen Alter emotional kompetent zu verhalten, würden sie andere Schüler nicht mobben und selbst nicht zu Mobbingopfern werden. Sie wüssten, wie man emotionalen Schmerz auflöst, und würden ihn nicht mit Alkohol oder Drogen betäuben. Drogenkonsum, Rauchen, Essstörungen und so weiter – lauter Mittel, dem Spüren von seelischem Leid zu entkommen – würden drastisch abnehmen.

Unsere Gesellschaft braucht emotional kompetente Menschen. Die Stätten des Lernens und der Bildung sind neben den Familien der natürlichste Ort, um emotionale Kompetenz zu verbreiten. Denn so, wie emotionale *Inkompetenz* die Wurzel von Problemen wie Verbrechen, Sucht, Krankheit, mangelnder Produktivität und so weiter darstellt, ist emotionale *Kompetenz* die Lösung.

Wir haben die Chance, eine neue Welt zu erschaffen, indem Menschen einfach lernen, dass und wie sie anders reagieren können als gewohnt, und damit ihre nutzlosen Emotionen auflösen, anstatt ihnen zum Opfer zu fallen. Und wo könnte man dies besser lehren als in der Schule?

Wenn emotionale Kompetenz in den Lehrplan aufgenommen wird, beginnt ein Zeitalter, das so neu und anders sein wird, dass wir es uns heute nicht einmal vorstellen können. Das Erlernen emotionaler Kompetenz wird mehr für die Gesellschaft bewirken als alles andere, was wir für die Lösung unserer sozialen und individuellen Probleme tun. Die Kosten, die der Staat aufbringen muss, werden ebenso sinken wie die Steuern und wir werden mehr Wohlstand, Freude und Freiheit genießen. Daher sollten wir *jetzt* damit anfangen!

Emotionale Souveränität und das Gesundheitswesen

Die meisten Menschen wissen intuitiv, dass unaufgelöstes seelisches Leid sich in Form einer körperlichen Erkrankung manifestieren kann. Jüngsten Forschungsergebnissen zufolge werden zwischen 70 und 80 Prozent aller gesundheitlichen Probleme durch emotionale Belastungen verursacht oder verschlimmert. (Siehe unter: http://sites.dartmouth.edu/geisel-resilience-curriculum-resources/files/2013/09/Managing-Stress.pdf)

Wir alle wissen, dass Stress und andere Belastungen unser Immunsystem schwächen und wir damit anfälliger für Krankheiten werden. Unaufgelöster seelischer Schmerz im Körper kann sich in Form von Krankheiten wie Fibromyalgie, chronischer Müdigkeit und vielen anderen Formen körperlicher und psychischer Gesundheitsprobleme niederschlagen.

Wenn konventionell ausgerichtete Ärzte keine organische Ursache für ein gesundheitliches Problem finden kann, bekommt man oft die Antwort, es handele sich wohl um ein „psychisch bedingtes" Leiden und man solle sich an einen Psychologen oder Psychiater wenden. Wir neigen dazu, Körper und Geist als getrennt voneinander zu betrachten. In Wirklichkeit jedoch hängen sie zusammen, denn nur zusammen ergeben sie einen vollständigen Menschen. Beeinträchtigte emotionale Gesundheit kann daher auch zu körperlichen Gesundheitsproblemen führen (und umgekehrt).

Emotionale Kompetenz ist ein wichtiger, bisher aber oft ignorierter Faktor im Gesundheitswesen, und zwar sowohl im körperlichen als auch im psychischen Bereich.

Das Gesundheitswesen revolutionieren und gleichzeitig die Kosten senken

Ein wichtiger Kostenfaktor im Gesundheitswesen sind die Medikamente zur Behandlung von Problemen psychischer Natur. Dabei bringt das *Unterdrücken* emotionaler Symptome mithilfe von Medikamenten keine Heilung, denn damit werden schließlich die dem Problem zugrunde liegenden Ursachen nicht angegangen. Der zentrale Punkt ist, dass das Erlernen emotionaler Kompetenz und der sich daraus ergebende souveräne Umgang mit Emotionen *eine Sache der Übung* ist und somit kein echtes gesundheitliches Problem. Man muss (und kann) einfach lernen und einüben, wie man unnütze Emotionen mit den Techniken reiner Bewusstheit auflöst. Wenn wir emotionalen Schmerz und reaktive Emotionen auf diesem Weg auflösen, kann der Bedarf an Medikamenten zur Unterdrückung von Ängsten und Depressionen drastisch sinken.

Die derzeitigen Behandlungsansätze der konventionellen Medizin für Ängste, Depressionen und posttraumatische Belastungsstörungen umfassen im Wesentlichen kognitive Therapien und/oder Medikamente, die die Symptome abschwächen oder überdecken. Diese Ansätze sind sowohl teuer als auch wirkungslos. Medikamente helfen – wenn überhaupt – nur gegen die Symptome, aber sie lösen nicht das ursächliche Problem. Kognitive Therapien helfen zu verstehen, aber das löst in der Regel nicht die Energie auf, die das Problem am Leben erhält.

Der Ansatz des *Human Software Engineering* geht die wahren Wurzeln von Angst, Depressionen und posttraumatischen Belastungsstörungen an und löst sie mithilfe der Techniken reiner Bewusstheit auf. Durch den Einsatz dieser Techniken erfahren Klienten, wie sie ihre natürliche Fähigkeit, die Energie von Emotionen zu spüren, nutzen können; damit tun sie das Gegenteil von dem, wozu sie konditioniert wurden. Das sorgt für schnelle und gründliche Auflösung der Energie, auf der Ängste oder Depressionen basieren. Wenn Menschen erleben, wie schnell und leicht man etwas auflösen kann, worunter sie möglicherweise jahrelang gelitten haben, dann erscheint ihnen dies als nahezu unfassbar und unglaublich.

Die Techniken reiner Bewusstheit stellen eine sehr präzise Form von Körperbewusstsein dar. Indem wir uns dem Problem auf der Ebene nähern, auf der es tatsächlich angesiedelt ist (anstatt an Symptomen herumzudoktern), packen und eliminieren wir es an seiner Wurzel.

Im Rahmen einer Pilotstudie, bei der es um den Einsatz reiner Bewusstheit zur Reduzierung der Schwere von Symptomen posttraumatischer Belastungsstörungen ging, wurden acht Testpersonen gemeinsam in der Anwendung der Techniken geschult. Es gab keine Einzeltherapiesitzungen, sondern nur die einmalige Schulung mit allen acht Teilnehmern, die sechs Stunden dauerte und an einem Tag stattfand.

Die vor und nach der Schulung vorgenommenen Bewertungen zeigen, dass die Schwere der Symptome in der Gruppe insgesamt um 63 Prozent sank. Eine weitere Einstufung, die *eine* Woche nach dem Training erfolgte, zeigte ein durchschnittliches Nachlassen der Schwere der Symptome um 73 Prozent; das belegt, dass die positive Wirkung nicht nur nachhaltig ist, sondern sich im Laufe der Zeit sogar noch steigert.

Das liegt vermutlich daran, dass wir den Menschen neue Möglichkeiten zeigen, Traumata und Ängste aufzulösen, die sie dann auch nach der Schulung einsetzen können, um mit dem Auflösen anderer Traumata und Ängste fortzufahren. Sie können sich somit selbst helfen und ihre emotionale Kompetenz erheblich steigern.

Auch hier wurden keine negativen Nebenwirkungen beobachtet oder berichtet.

In Abbildung 11 und der anschließenden Tabelle finden Sie eine Zusammenfassung der Ergebnisse der Pilotstudie.

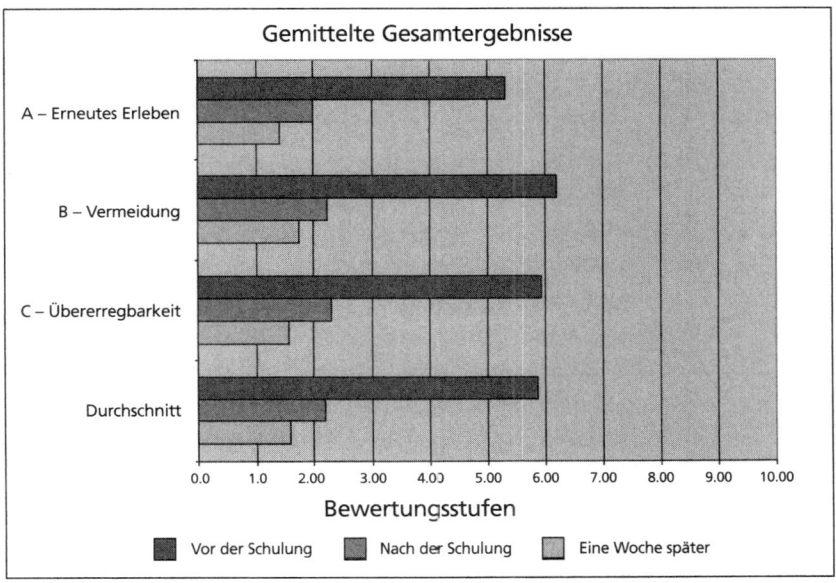

Abbildung 11

Erhöhte Prozentsätze = Belege für zunehmende Besserung			
	A – Erneutes Erleben	B – Vermeidung	C – Übererreg-barkeit	Durchschnitt
Nach der Schulung	62,40 %	64,04 %	59,24 %	62,92 %
1 Woche später	73,68 %	71,96 %	72,25 %	72,95 %

Die nachfolgenden Grafiken fassen die Ergebnisse des Einsatzes der Techniken beim Auflösen von Ängsten und Depressionen zusammen.

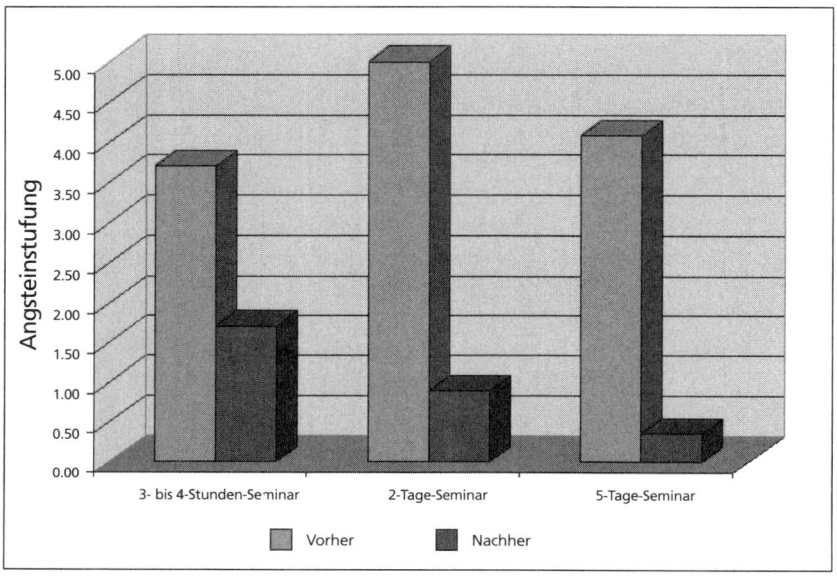

Abbildung 12: Ängste

Die jeweils ersten (linken) Säulen in den Grafiken stammen von einer Gruppe von 50 Personen, von denen einige an einem dreistündigen und einige an einem vierstündigen Workshop teilnahmen, in dem sie die Techniken erlernten und durch die Auflösung einiger ihrer Ursachen für Ängste und Depressionen geleitet wurden.

Das zweite Säulenpaar stammt aus einer Stichprobe von 10 Personen, die an einem zweitägigen Seminar teilnahmen, bei dem es speziell um das Reduzieren von Ängsten ging. Aus diesem Grund ist der Ausgangswert relativ hoch.

Die Daten des dritten Säulenpaars stammen von einem fünftägigen Trainingsseminar für eine Gruppe von 14 Experten für Traumaauflösung. Die Werte der individuellen Selbsteinschätzung der Teilnehmer wurden gemittelt. Anhand der Daten aller drei Gruppen lässt sich erkennen, dass die Reduzierung von Ängsten und Depressionen mit der Länge der Schulung zuzunehmen scheint.

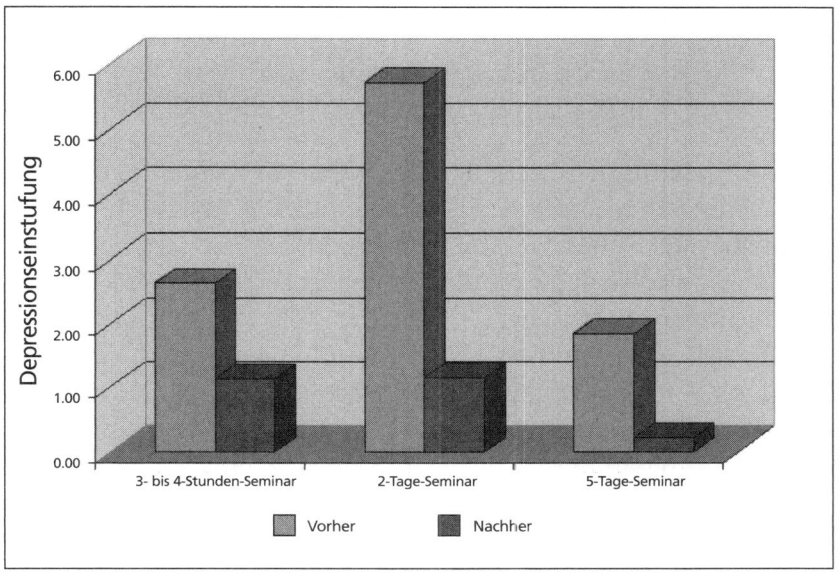

Abbildung 13: Depressionen

In Hinblick darauf, welche Herausforderung emotionale Probleme für das Gesundheitssystem darstellen, bietet ihre Auflösung mithilfe der HSE-Techniken also ein enormes Potenzial, in diesem Bereich Aufwand und Kosten zu reduzieren.

Emotionale Souveränität im Berufs- und Geschäftsleben

Programme zur Schulung der emotionalen Kompetenz haben schon seit einiger Zeit Eingang in die Geschäftswelt gefunden. Allerdings stützen sie sich zumeist auf eine veraltete Definition emotionaler Kompetenz, bei der es darum geht, zu lernen, wie man seine Emotionen mithilfe des Verstandes in den Griff bekommt. Diese Fortbildungen waren sicherlich ein Schritt in die richtige Richtung.

So veröffentlichte beispielsweise die Zeitschrift *Fast Company* im Jahr 2000 einen Artikel über emotionale Intelligenz. In diesem Artikel wurde über eine bei *American Express* durchgeführte Pilotstudie berichtet, bei der 50 Finanzplaner einen Kurs für emotionale Intelligenz belegten. In den nachfolgenden Monaten wurde die Leistung der Teilnehmer gemessen. Das Ergebnis: Der durchschnittliche Geschäftszuwachs bei den Kursteilnehmern lag um 2 Prozent über dem der Kontrollgruppe, die aus 50 Finanzplanern bestand, die den Kurs nicht besucht hatten.

Nun scheinen „2 Prozent" im ersten Moment nicht sehr viel zu sein, aber für *American Express* bedeutete das neue Geschäftsabschlüsse in Millionenhöhe. Aufgrund des positiven Ergebnisses wurde das Programm unternehmensweit eingeführt.

Im Vergleich dazu konnten Personen, die im Verkauf tätig sind und emotionale Kompetenz gemäß unserer neuen, in diesem Buch vertretenen Definition erlernt haben, Verkaufszuwächse verbuchen, die zum Teil doppelt so hoch lagen wie die von Kollegen, die sich nicht mit emotionaler Kompetenz beschäftigt hatten.

Beispiel: Prämie für Erfolg durch emotionale Kompetenz

Gary ist Trainer für Führungskräfte. Er ließ sich in *Human Software Engineering* ausbilden und wendete die Techniken nicht nur in seinem Privatleben an, sondern integrierte sie auch in seine berufliche Tätigkeit für eine Coachingorganisation. Für die insgesamt 65 dort tätigen kompetenten und erfahrenen Berater schrieb das Management einen Bonus aus, den derjenige bekommen sollte, der die höchste Wiedereinschreiberrate vorweisen konnte. Die durchschnittliche Rate der Gruppe lag bei 25 Prozent. Ohne etwas Besonderes zu tun oder sich gezielt um Teilnehmer zu bemühen, erzielte Gary eine Wiedereinschreiberrate von 49 Prozent und konnte sich daher über die Bonuszahlung freuen.

Im nächsten Abschnitt werde ich die Programme beschreiben, die wir entwickelt haben, um Menschen speziell im Unternehmensumfeld in emotionaler Kompetenz zu schulen. Diese Programme beseitigen innere Blockaden, sodass die Mitarbeiter mehr zum Unternehmenserfolg beitragen können, mehr Freude und Zufriedenheit aus ihrer Arbeit ziehen und gute Entwicklungsperspektiven haben. Der Stresspegel sinkt, das Wohlbefinden steigt und es ergibt sich ein besseres Gleichgewicht zwischen Berufs- und Privatleben.

Unternehmen transformieren und die Gewinne steigern

In der Geschäftswelt wird häufig erwartet, dass man seine Gefühle sozusagen an der Tür abgibt, sobald man das Büro betritt. Wenn man einmal genauer darüber nachdenkt, ist dies nur ein weiteres Beispiel für die weit verbreitete Gewohnheit, unsere Gefühle zu unterdrücken. Da man es im Allgemeinen nicht besser weiß, ist es ganz normal, eine solche Ansicht zu vertreten.

Die Realität jedoch sieht anders aus, denn die meisten Menschen *können* ihre Gefühle nicht einfach wie einen Mantel an der Garderobe abgeben. Vielleicht versuchen sie es, aber selbst wenn sie dabei zum Teil erfolgreich sind, wird es immer wieder Momente geben, in denen die emotionale Reaktion auf etwas einfach zu stark ist und sie überwältigt. Das führt zu Krankheit, Fernbleiben von der Arbeit, Isolation, mangelnder Kommunikation, zu Konflikten und schlechter Zusammenarbeit, geringerer Effektivität von Teams, zu Verzögerungen und geplatzten Terminen, zu unrealistischen Erwartungen an sich selbst und einer Menge anderer belastender Situationen und Umstände. Manchmal können emotionale Reaktionen Anlass zu destruktiven Handlungen geben, die sehr negative Auswirkungen für das Unternehmen, den betreffenden Mitarbeiter und die Kollegen haben.

Das Ausmaß der Probleme, die in Unternehmen entstehen, und die Auswirkungen dieser Probleme sowohl auf den Gewinn als auch auf die Qualität des Arbeitsumfeldes und der Arbeitserfahrung sind wesentlich größer, als Sie vielleicht annehmen mögen. In der Regel fällt der Personalabteilung die Aufgabe zu, diese Zustände zu verbessern. Schulungsprogramme für Mitarbeiter und Führungskräfte sowie der Einsatz externer Unternehmensberater und anderer Dienstleister sollen dafür sorgen, dass körperliche und mentale Gesundheitsprobleme wie Süchte, Belastung durch zu viel Stress, emotionale Probleme und Ähnliches nachlassen.

Dabei hat sich gezeigt, dass *im Unternehmen* durchgeführte Schulungsmaßnahmen in der Regel eine recht niedrige Umsetzungsrate haben, häufig weniger als 20 Prozent. Dieser Prozentsatz verbessert sich, wenn neben den Mitarbeiterschulungen auch die Führungskräfte gecoacht werden, wobei dies allerdings ein teurer und zeitaufwendiger Prozess sein kann.

Das ist also etwa so, als würde man mit den Schulungen versuchen, eine neue, weiterentwickelte Software auf einem Computer mit einem alten, fehlerdurchsetzten Betriebssystem zu installieren. Oder anders gesagt: Schulungen und Fortbildungen sind ein Versuch, Menschen dazu zu bringen, etwas auf eine andere, neue Weise zu tun. Aber die Konditionierung dazu, die Dinge auf die alte, gewohnte Weise zu tun, ist in der Regel stärker als die im Verstand angesiedelte Idee, etwas Erlerntes dann auch umzusetzen. Menschen neigen dazu, immer wieder in das zurückzufallen, was sie bereits kennen. Das ist wahrscheinlich der Hauptgrund für die geringe Umsetzungsrate des in Schulungen Erlernten.

Nehmen wir beispielsweise Verkaufstraining. In vielen Schulungsprogrammen wird Verkäufern beigebracht, ein „Nein" nicht persönlich zu nehmen. Das ist der Versuch, das weitverbreitete Problem der Angst vor Zurückweisung zu überwinden, das jeder Verkäufer hat. Erfolgreiche Verkäufer haben einen Weg um dieses Problem herum gefunden. Aber die Strategien dafür, ein Nein nicht persönlich zu nehmen, gehen das Problem zumeist nicht an seiner Wurzel an. Die meisten Verkäufer haben also weiterhin Angst vor Zurückweisungen und nehmen ein Nein bis zu einem gewissen Grad doch persönlich. Das kann zu einer erheblichen Blockade beim Tätigen von Verkaufsanrufen führen und zudem das Verhältnis zu Kunden und potenziellen Kunden beeinflussen.

Warum nehmen Menschen ein Nein persönlich? Weil wir alle als Kleinkinder unzählige Male das Wort „Nein" gehört haben. Und in manchen Fällen war diese Erfahrung schmerzhaft, vielleicht sogar ein wenig traumatisch. Aus diesem Grund besitzen viele Menschen eine Art von Akte, in der sie alte, schmerzhafte „Nein-Erfahrungen" mit sich herumtragen. Wenn sich eine Situation auftut, in der man wieder „Nein" zu ihnen sagen könnte – beispielsweise beim Akquirieren neuer Kunden oder bei unangemeldeten Anrufen –, dann geraten sie ins Zögern oder vermeiden es sogar, sich in eine Situation zu begeben, in der ihnen wieder ein „Nein" entgegenkommt.

Das liegt daran, dass sie immer noch Reste alter leidvoller Reaktionen in sich tragen, und jedes erneute „Nein" rührt wieder an den alten Schmerz. Und weil wir diesen alten Schmerz nicht mehr fühlen möchten, wollen wir auch keine weiteren schmerzhaften Nein-Erfahrungen machen. Das ist der Grund für die bei Verkäufern immer wieder auftretende Scheu vor Telefonanrufen und auch dafür, warum Verkäufer sich so gerne an festgelegte Konzepte halten, anstatt die wirklichen Bedürfnisse des Kunden zu erkennen, darauf einzugehen und eine für beide Seiten positive Lösung zu finden.

Mithilfe des Konzepts *Human Software Engineering* gehen wir gegen die Angst vor Zurückweisung an, indem wir die noch vorhandenen „Nein-Energien" auflösen, bis sie ganz verschwunden sind. Dann verschwindet auch die Angst davor, dass jemand eines unserer Angebote ablehnt, und wir müssen das Nein nicht mehr persönlich nehmen, denn im Grunde genommen geht es ja nie um uns persönlich. Wenn jemand ein Angebot von uns ablehnt, dann benötigt die Person das von uns Angebotene entweder wirklich nicht oder sie erkennt nicht, dass das, was wir ihr verkaufen möchten, ihren Bedarf tatsächlich erfüllen würde …

Anhand dieses Beispiels können Sie erkennen, dass das Auflösen der Angst vor Zurückweisung sozusagen einer Aufrüstung unseres emotionalen Betriebssystems gleichkommt. Es entfernt die inneren Blockaden, die uns daran hindern, das umzusetzen, was wir in nahezu jeder Schulung lernen. Das Auflösen der Angst vor Zurückweisung ist eines der Hauptthemen, das in unserem Trainingsprogramm *Extraordinary Selling* behandelt wird. Andere Ängste wie Versagensangst, Angst vor Erfolg, Angst vor dem Aufbau echter Beziehungen zu anderen und andere häufig auftretende Hindernisse, die das Verkaufen erschweren, werden in diesem Programm ebenfalls abgehandelt.

Hervorragende Leistungen erreichen

Ein weiteres Schulungsprogramm für Unternehmen trägt den Titel *Extraordinary Performance*. Dieses Programm beginnt mit einer Art von Einstufung, bei der mithilfe von HSE-Instrumenten schnell bestimmt wird, wo auf einer Skala von 0 bis 100 eine Person bei den 21 wichtigsten Eigenschaften besonders erfolgreicher Menschen angesiedelt ist. Diese 21 Eigenschaften sind folgende:

1. Fokus und Präsenz
2. Kommunikationsfähigkeit
3. Gute Mitarbeit und Zusammenarbeit
4. Anpassungsfähigkeit
5. Dienende und unterstützende Haltung
6. Authentizität
7. Entschiedenes Handeln aus Klarheit heraus
8. Initiativkraft
9. Aufgeschlossenheit
10. Planungs- und Koordinationsfähigkeit
11. Selbstermächtigung und Autarkie
12. Ethisch begründete Haltung und Integrität
13. Kreativität und Innovationsbereitschaft
14. Souveräne Bewerbung

15. Exzellentes Präsentieren

16. Emotionale Kompetenz

17. Produktivität

18. Vertrauen auf Intuition und intuitives Handeln

19. Souveräner Umgang mit Ungewissheit

20. Fähigkeit zum Querdenken

21. Ausgeglichenheit auch in schwierigen Situationen

Auch Top-Leistungsträger zeigen selten konsistent 100 Prozent dieser Eigenschaften. Sie sind einfach nur besser darin als die meisten anderen. Dank des *Human Software Engineering* können wir die Fehler in unserer menschlichen Software finden, die uns vom Erreichen der 100 Prozent abhalten. Das bedeutet, dass wir „normalen" Menschen dabei helfen können, sich so weit zu steigern, dass sie Spitzenleistungen erbringen können. Und aus denen, die ohnehin schon hohe Werte erzielen, können wir „Superstars" machen! Es handelt sich hier um ein äußerst leistungsstarkes Programm, das im Bereich der Schulungen für Unternehmen einzigartig ist. Es gibt nichts Vergleichbares.

Folgende (englischsprachigen) Schulungsprogramme sind verfügbar:

- *Extraordinary Performance*
- *Extraordinary Leadership*
- *Extraordinary Selling*
- *Extraordinary Presenting*
- *Extraordinary Teamwork*
- *Extraordinary Work Life Balance*
- *Extraordinary Wellness*
- *How to Eliminate Stress and Avoid Burnout*

Weitere Informationen über HSE-Programme zur Unternehmensentwicklung finden Sie auf dieser Webseite: www.humansoftwareengineering.com

Emotionale Souveränität und das liebe Geld

Kennen Sie den Ausspruch, der besagt, dass bei einem Mangel an Geld kein Geldproblem vorliege, sondern vielmehr ein Ideenproblem (ein Mangel an tragfähigen Ideen)?

Was genau ist eine tragfähige, starke Idee? – Ich verstehe darunter eine Idee, die ein natürlicher Ausdruck Ihrer einzigartigen Talente ist. Eine Idee, die Sie zum Strahlen bringt. Eine Idee, die mit etwas zu tun hat, was Sie lieben und mit Leidenschaft verfolgen. Und eine Idee, die gleichzeitig das Leben anderer Menschen so sehr bereichert, dass Ihnen auf natürliche und folgerichtige Weise Geld zufließt. Es ist auch eine Idee, die erweiterbar ist, das heißt, sie kann auf irgendeine Weise multipliziert werden und somit für viele Menschen von Wert sein.

Geld sammelt sich rund um starke Ideen

Geld ist ein Ausdruck von Lebensenergie. Wenn Sie also etwas tun, was das Leben anderer Menschen bereichert, und zwar so, dass sich Ihre Fähigkeit, anderen diesen Wert oder diese Bereicherung zukommen zu lassen, multipliziert, dann gelangt die Lebensenergie gemäß dem Reziprozitätsgesetz – dem Gesetz der Gegenseitigkeit –, zu Ihnen zurück. Wenn es sich um eine wirklich starke Idee handelt und Sie diese auf die richtige Weise umsetzen, erhalten Sie die Lebensenergie in Form von Geld zurück. Der Schlüssel dazu, die Idee noch mehr Geld produzieren zu lassen, liegt im Multiplizieren Ihrer Fähigkeit, einen Wert zu vermitteln.

Wie kommt man auf eine starke Idee? – Um Sie herum gibt es unendlich viele Ideen, die zu starken Ideen werden können. Vielleicht sehen Sie etwas in den Medien, das Sie zu einer solchen Idee inspiriert. Oder die Idee entsteht aus Ihnen heraus oder als Reaktion auf die Entdeckung eines Bedürfnisses, das andere Menschen haben. Die Idee entsteht vielleicht, weil Sie spüren, dass es eine einzigartige Möglichkeit gibt, dieses Bedürfnis zu stillen, und dass Menschen gerne bereit sein werden, dafür Geld zu bezahlen.

Natürlich müssen Sie selbst aktiv werden, damit die Idee ihre ganze Kraft und Stärke entfalten kann. Und genau an diesem Punkt kommt Ihnen in der Regel Ihre Konditionierung und emotionale Inkompetenz in die Quere. Wenn Sie Angst haben, dass es misslingen könnte, oder generell unter Versagensangst leiden oder unter einer Einschränkung des Selbstausdrucks, dann werden Sie Ihre Idee wahrscheinlich nicht umsetzen. Sie bleiben im Ideenstadium stecken, ohne dass eine Ihrer Vorstellungen jemals Realität wird.

Die Fähigkeit, eine geeignete Idee zu erkennen und dann ins Handeln zu kommen, sodass sie zu einer starken Idee werden kann und Ihnen Geld einbringt, ist ein natürlicher Ausdruck emotionaler Kompetenz.

Ich habe Programme angeboten, bei denen es um das Auflösen der Konditionierung und der nutzlosen, eher hinderlichen Emotionen in Bezug auf Geld ging, und habe festgestellt, dass wir in diesem Bereich extrem stark konditioniert sind. Eine Möglichkeit, die inneren Hindernisse aus dem Weg zu räumen, die uns vom Erkennen und Umsetzen von Ideen abhalten, ist der tägliche Einsatz der GPS-Technik. Bitten Sie Ihren Körper, Ihnen die Energie der Hindernisse in Bezug auf Geld anzuzeigen, und setzen Sie dann die CORE- oder die SEE-Technik ein, um diese Energien aufzulösen.

Wenn Sie speziell zu diesem Thema Unterstützung wünschen und sicherstellen möchten, dass Sie wirklich an die Haupthindernisse herankommen, die Sie vom Erkennen und Umsetzen passender Ideen abhalten, gibt es sowohl ein (englischsprachiges) Buch als auch eine Reihe von aufgezeichneten (ebenfalls englischsprachigen) Webinars, die ich unter dem Titel *Extraordinary Prosperity* entwickelt habe. Nähere Informationen dazu finden Sie unter: www.humansoftwareengineering.com

Das Wichtigste, was es zu erkennen gilt, ist, dass Sie – wie im Übrigen jeder andere auch – mehr Geld verdienen können. Das Einzige, was Sie davon abhält, sind Ihre inneren Hindernisse – nicht die äußeren Umstände!

Die meisten Menschen, die über viel Geld verfügen, waren nicht immer reich. Sie begannen mit einer Idee und waren frei genug von Angst und anderen Konditionierungen, um zu erkennen, dass sie anderen etwas Einzigartiges und Wertvolles anzubieten hatten. Diese Idee haben sie dann so organisiert, dass sich ihre Fähigkeit, anderen etwas von Wert zu geben, stark verbreitet hat und daraus eine Quelle von Geld, Reichtum und Freiheit für sie wurde.

Wenn Sie das Gefühl haben, das sei etwas für andere und nicht für Sie, dann ist das genau die Art nicht förderlichen, emotional gesteuerten Denkens, von dem ich zuvor gesprochen habe. Diese Gedanken kennen Sie zur Genüge. Es sind Gedanken der Begrenzung, des Mangels an Ressourcen, des Mangels an Fähigkeiten und so weiter. Wie bei allen anderen negativen Gedanken liegt auch diesen eine *nicht nützliche Emotion* zugrunde. Lösen Sie diese mit den beschriebenen Techniken auf (vgl. den Abschnitt *Souveräner Umgang mit negativen Gedanken*) und sie werden Sie nicht länger daran hindern, mehr Geld zu verdienen.

Der Schlüssel zu mehr Geld liegt also im Entwickeln emotionaler Kompetenz. Auf diese Weise können Sie Ihre *intuitiven* Gedanken von den emotional gesteuerten negativen Gedanken unterscheiden. Sie werden in der Lage sein, geeignete Ideen zu erkennen und in die Tat umzusetzen. Sie werden Ihre Fähigkeit zu geben bewusst nutzen und steigern, was dazu führt, dass die Lebensenergie vervielfacht in Form von Geld zu Ihnen zurückkehrt.

Es gibt mehr als genug Geld auf der Welt. Wenn Sie mehr haben, bedeutet dies nicht, dass andere weniger bekommen. Und es wartet nur auf Sie – gleich hinter den unnützen Emotionen, die es außer Reichweite erscheinen lassen.

Anhang

Eine weltweite Kampagne für emotionale Kompetenz

Eines der Hauptanliegen dieses Buches ist die Unterstützung einer weltweiten Bewegung, die sich *Global Campaign for Emotional Competence* nennt (Weltweite Kampagne für emotionale Kompetenz). Ins Leben gerufen wurde sie im Jahr 2012 mit dem Ziel, jedem auf der Welt, der Interesse daran hat, emotionale Kompetenz zu vermitteln und so Menschen von ihrem Leid zu erlösen.

Wie erwähnt stellt emotionale Inkompetenz die grundlegende Ursache für die wichtigsten Probleme der Menschheit dar (Kriminalität, Abhängigkeiten und Süchte, körperliche und psychische Gesundheitsprobleme, internationale Konflikte und Kriege …). Die Kosten in Form von Zeit, Geld und menschlichem Leid, die durch emotionale Inkompetenz entstehen, sind kaum zu ermessen. Es ist sicherlich *die* Problemursache, die jedes Land und jeden Bürger dieser Welt am meisten kostet.

Emotionale Inkompetenz durchdringt alle Bereiche in so hohem Maße, dass man durchaus von der schlimmsten und am weitesten verbreiteten Epidemie auf diesem Planeten sprechen kann. Die weltweite Kampagne für emotionale Kompetenz hat sich zum Ziel gesetzt, dieses enorme Problem zu lösen.

Was es für die Welt bedeuten wird, wenn wir tatsächlich alle emotional kompetent werden, ist kaum zu ermessen. Die Kriminalitätsrate wird drastisch sinken, Süchte und Abhängigkeiten werden abnehmen. Das Gesundheitswesen wird weniger Kosten verschlingen und Unternehmen werden ihre Produktivität steigern. Die so entstehende Welt wird sich deutlich von der gegenwärtigen unterscheiden. Uns fehlt derzeit der Bezugsrahmen, um uns wirklich vorstellen zu können, wie das Leben auf der Erde dann aussehen wird.

Wir verfügen bereits heute über die Techniken, die diesen Traum zur Realität werden lassen könnten. Also bleibt nur noch eins zu tun – jedem Menschen überall auf der Welt emotionale Kompetenz zu vermitteln. Und genau das ist das Anliegen der *Global Campaign for Emotional Competence*. In diesem Schlusskapitel möchte ich Ihnen die Kampagne vorstellen und erklären, wie Sie mithelfen können, damit diese Vision Wirklichkeit wird.

Das fehlende Erlernen emotionaler Kompetenz ist der Hauptgrund für Leid im menschlichen Leben. Das Gros der Menschen erfährt keine Schulung der emotionalen Kompetenz, weil nur wenige Menschen emotional kompetent sind. Und diejenigen, die es sind, wissen nicht unbedingt, wie sie dies anderen vermitteln können.

Unsere Bildungssysteme legen den Schwerpunkt vor allem auf *intellektuelle* Kompetenz. Emotionale Kompetenz wird praktisch nicht gelehrt, denn die Lehrer sind, wie nahezu alle anderen Menschen auch, selbst nicht darin ausgebildet und wüssten gar nicht, was sie vermitteln sollten.

Das neue Konzept des *Human Software Engineering* hat sich als wichtiger Durchbruch zum raschen Entwickeln emotionaler Kompetenz entpuppt. Es umfasst das Erlernen einfacher Techniken zum schnellen Auflösen emotionalen Leids und reaktiver Emotionen. Diese Techniken sind so einfach, dass jeder sie mit ein wenig Anleitung erlernen und einsetzen kann.

Das Problem: Emotionale Inkompetenz

Wir leben in einer Welt, in der die Menschen in einer Weise konditioniert sind, die sie in hohem Maße emotional inkompetent macht. Diese Inkompetenz verursacht Probleme im Geschäftsleben, in Beziehungen, in Ehe und Familie, bei der Kindererziehung, im Bildungswesen, am Arbeitsplatz, im Staat, im Gesundheitswesen und in praktisch jedem anderen Bereich des Lebens. Die Unfähigkeit, emotionales Leid effektiv aufzulösen, und die tiefsitzende Gewohnheit, emotional zu reagieren (in Form von Wut, Frustration,

Enttäuschung, Schuld, Scham, Angst, Depression oder Besorgnis), sind die Hauptursachen dafür, dass Menschen leiden.

Man muss nicht lange nachdenken, um sich vorstellen zu können, dass ein massiver Anstieg an emotionaler Kompetenz bei allen Menschen unsere Welt vom gegenwärtigen Zustand hin zu einer ganz neuen Lebensqualität verändern könnte. Wie wäre es wohl, in einer Welt zu leben, in der die Menschen gelernt hätten, die hinderliche Energie intensiver emotionaler Erfahrungen schnell und gründlich aufzulösen?

- Konflikte würden nur noch selten auftreten und in jedem Fall schnell und einfach gelöst werden.

- Wir alle könnten uns selbst treu bleiben, ohne die Angst, von anderen kontrolliert oder manipuliert zu werden.

- Auf die eigene Intuition zu vertrauen und nach ihr zu handeln wäre die Regel und nicht die Ausnahme.

- Der Drang, sich selbst und andere zu verurteilen, würde nachlassen und vielleicht sogar ganz verschwinden. Menschen würden die Welt als einen Spiegel sehen und jede Situation, auf die sie zuvor emotional reagiert haben, als Chance für ihr eigenes persönliches Wachstum betrachten, anstatt in gewohnte Muster zu verfallen und mit Wut, Frustration oder Depression zu reagieren.

- Die Menschen wüssten, wie man emotionalen Schmerz auflöst, anstatt sich in Abhängigkeiten wie den Genuss von Alkohol oder die Einnahme von Medikamenten zu flüchten.

- Die Suizidrate würde stark sinken oder es gäbe vielleicht gar keine Selbsttötungen mehr.

- Die Anzahl der Gefängnisse würde auf einen Bruchteil der heutigen Zahl sinken.

- Die hohen Kosten, die in den Bereichen Gesundheitswesen, Kriminalität, Süchte, Scheidungen, Kindesmissbrauch, mangelnde Produktivität und Fehlen am Arbeitsplatz entstehen, ja selbst die Kosten für Kriege, würden drastisch abnehmen.

Kurz: Wir würden sozusagen dem Himmel auf Erden näher kommen.

Die Lösung: Ihr Beitrag zu mehr emotionaler Kompetenz in der Welt

Alles, was wir benötigen, ist die Weiterverbreitung des Wissens, wie man die Techniken der reinen Bewusstheit anwendet. Damit können wir eine neue Welt entstehen lassen. Nötig ist die konsequente Verbreitung der Anleitungen für die CORE- und die SEE-Technik, denn wer diese erlernt, kann seine emotionale Kompetenz rasch steigern.

Die Vorteile des Erwerbs emotionaler Kompetenz sind immens und führen zu Erfolg in allen Lebensbereichen. Wenn wir in einer emotional kompetenten Welt leben möchten, müssen wir natürlich zunächst selbst emotional kompetent werden und auch andere dabei unterstützen und sie ermuntern, emotionale Kompetenz zu erwerben.

Unser Ziel ist, diese Kampagne in jedem Land der Welt zu starten, um die Entwicklung emotionaler Kompetenz zu fördern. Das Programm wurde 2012 ins Leben gerufen. Gegenwärtig (Anfang 2014) ist die Kampagne bereits in den folgenden Ländern angelaufen: China, Deutschland, Großbritannien, Indien, Kambodscha, Kanada, Korea, Niederlande, Neuseeland, Österreich, Schweiz, Slowenien, Spanien, USA. Wenn Sie daran interessiert sind, an einer Veranstaltung teilzunehmen, bei der Sie emotionale Kompetenz erlernen, oder wenn Sie Ihre emotionale Kompetenz über das Internet oder aufgezeichnete Schulungen steigern möchten, besuchen Sie diese Website: www.humansoftwareengineering.com

Wenn Sie sich an der Kampagne für emotionale Kompetenz beteiligen möchten, gibt es ein paar Dinge, die Sie tun können:

— Zuallererst einmal sollten Sie dafür sorgen, dass es *einen* emotional kompetenten Menschen *mehr* in Ihrem Land und auf der Welt gibt – indem Sie etwas für Ihre eigene emotionale Kompetenz tun.

— Erlernen Sie die CORE- und die SEE-Technik und setzen Sie sie bei allen sich bietenden Gelegenheiten ein.

– Besuchen Sie die ganze Reihe unserer 17 Emotional-Mastery-Workshops, um die emotionale Kompetenz in Ihrem Leben immer weiter zu steigern.

– Besuchen Sie ein Emotional-Mastery-Wochenendseminar. Diese Seminare umfassen die ersten fünf Workshops der 17-stufigen Reihe. Insofern bietet ein solches Wochenendseminar einen guten Ausgangspunkt für Ihren Weg zu souveräner emotionaler Kompetenz. Während des Seminars werden Sie lernen, wie Sie unabgeschlossene Erfahrungen und reaktive Emotionen auflösen.

– Werden Sie zertifizierter *Human Software Engineer*, indem Sie eine spezielle Ausbildung absolvieren, in der Sie lernen, andere beim Erreichen emotionaler Kompetenz zu unterstützen.

– Werden Sie *HSE-Presenter*. In der entsprechenden Ausbildung lernen Sie, wie man Gruppen von Menschen durch den Prozess des Auflösens emotionalen Leids und reaktiver Emotionen führt – eine beeindruckende Möglichkeit, viele Menschen gleichzeitig zum Erwerb emotionaler Kompetenz anzuleiten.
So werden Sie zu einem lebenden Beispiel dessen, worum es bei emotionaler Kompetenz geht. Außerdem lernen Sie, wie man alle 17 Emotional-Mastery-Workshops durchführt, um Menschen beim Erwerb zunehmender emotionaler Kompetenz zu begleiten. Dies ist eine unglaublich bereichernde und erfüllende Arbeit, da man beständig Durchbrüche erzielt, die andere Ansätze und Methoden einfach nicht erreichen können. Es ist wunderbar zu sehen, wie *Emotional Mastery* das Leben anderer Menschen transformiert.

– Werden Sie *Ambassador* (Botschafter) der weltweiten Kampagne und helfen Sie durch den Einsatz in Ihrem eigenen Land mit, mehr emotionale Kompetenz in die Welt zu bringen! Wenn Sie das tun möchten, schicken Sie uns eine Mail über das Kontaktformular auf der bereits genannten Website.

Mit den neuen HSE-Techniken ist es möglich geworden, eine von emotionaler Kompetenz geprägte Gesellschaft zu entwickeln. Die Techniken sind ebenso einfach wie wirkungsvoll, sodass man bei regelmäßigem Einsatz schon nach kurzer Zeit mehr emotionale Kompetenz zeigt. Werden auch Sie emotional kompetenter und begleiten Sie dann andere bei diesem Bemühen! Lassen Sie uns so unseren Beitrag leisten, damit es unter uns Menschen einmal emotional kompetenter zugeht.

Tom Stone

Über den Autor

Tom Stone ist ein Pionier in der Entwicklung neuer Techniken zum Lösen
von Traumata und Ängsten. Der Be-
gründer des Konzepts *Human Software
Engineering* hat schon vielen Kriegsveteranen und Erdbebenopfern zu einer
besseren Lebensqualität verholfen. Er
entdeckte diese Techniken und heilte
sich damit selbst vom Posttraumatischen Stress-Syndrom, nachdem ein
psychisch verwirrter Täter ihn ange-
schossen hatte.

Tom Stone lebt er in Kalifornien. Er ist Autor mehrerer Bücher
und weltweit als Referent gefragt, auch in Deutschland, Österreich
und der Schweiz. Nähere Informationen:
www.humansoftwareengineering.com

Bradley Nelson:

Der Emotionscode

So werden Sie krank machende Emotionen los

Leseprobe: www.vakverlag.de

Emotionen beeinflussen unser Denken, unser Handeln und unsere Beziehungen. Emotionale Blockaden können Schmerzen, Funktionsstörungen und Krankheiten auslösen. Die in diesem Buch beschriebene Selbsthilfemethode zeigt Ihnen, wie Sie solche festsitzenden Emotionen lokalisieren und mithilfe eines Magneten, der dem Körper einen ausgleichenden Regulationsimpuls gibt, einfach auflösen. So können Sie zunächst unklare Beeinträchtigungen rasch beseitigen und körperliche Beschwerden beenden. Dieses umfassende Einführungsbuch ihres Begründers beantwortet alle Fragen zu Hintergrund, Wirkung und praktischer Anwendung der Emotionscode-Methode.

312 Seiten, zahlreiche Abb., Paperback (13 x 20,5 cm)
ISBN 978-3-86731-076-5

Hale Dwoskin:

Die Sedona-Methode®

Wie Sie sich von emotionalem Ballast befreien und Ihre Wünsche verwirklichen

Leseprobe: www.vakverlag.de

Bei der Suche nach Glück und Erfolg stehen wir uns meist selbst im Weg – mit negativen Denk- und Verhaltensmustern. Der Grund: Emotionen verzerren unsere Wahrnehmung. Die Sedona-Methode weist einen Weg aus dem Irrgarten der Gefühle: elegant in ihrer Einfachheit und unbegrenzt in den Anwendungsmöglichkeiten zeigt sie, wie wir Emotionen ganz einfach loslassen können. Wer sich darauf einlässt, fühlt sich befreit, erlebt erfülltere Beziehungen und navigiert mit Klarheit und Gelassenheit durchs Leben. Hunderttausende von Anwendern bezeugen die Wirksamkeit dieser leicht erlernbaren Selbsthilfemethode.

336 Seiten, 22 Abbildungen, Paperback (16,5 x 24 cm)
ISBN 978-3-935767-78-1

Richard Moss:

Die Kraft der Präsenz

Im Jetzt sein • Zu sich selbst finden • Heilung erleben

Leseprobe: www.vakverlag.de

Präsent sein – also im Hier und Jetzt leben – wirkt klärend und hat direkten Einfluss auf unsere Gesundheit, unsere Leistungsfähigkeit und unsere sozialen Kontakte. Präsent sein hilft uns dabei, emotionale Verletzungen leichter zu überwinden, unsere Mitmenschen stärker zu unterstützen und unser Leben mehr zu genießen. Richard Moss, renommierter Lehrer für bewusstes Leben, zeigt ganz praktisch, wie wir Präsenz einüben und unsere Selbstwahrnehmung schärfen können. Ein anwendungsorientiertes Buch für alle, die sich für ihr Leben mehr Erfüllung und Gelassenheit wünschen – und auch eine Bereicherung für die Arbeit von Therapeuten. Mit vielen praktischen Beispielen und einfachen Übungen!

272 Seiten, 7 Abbildungen, Paperback (15 x 21,5 cm)
ISBN 978-3-86731-122-9

Abonnieren Sie unseren Newsletter (gratis) unter: www.vakverlag.de

Richard Gordon, Dr. Car. Duffield, Dr. V. Wickhorst:

Heilen mit Herzenergie

Wie jeder seine ureigene Heilkraft für sich
und andere nutzen kann

Leseprobe: www.vakverlag.de

Jeder von uns besitzt bereits heilende Fähigkeiten. Hier lernen Sie, wie Sie sie aktivieren. R. Gordon, Pionier der Energieheilung und Entwickler der *Quantum-Touch-Methode*, konzentriert sich auf das Wesentliche des Heilungsprozesses: Der Schlüssel zur Heilung liegt in der Energie des Herzens – unser Herz ist also buchstäblich das „Herzstück" der Heilung! Hier zeigt Richard Gordon, wie jeder mit praktischen Übungen die eigene Herzenergie intensivieren kann und wie wir die Heilenergie mit einer gezielten Intention auf andere Menschen – und auch auf uns selbst – lenken können.

280 Seiten, Paperback (15 x 21,5 cm)
ISBN 978-3-86731-145-8

David Grand:

Brainspotting

Wie Sie Probleme, Traumata und emotionale Belastungen
gezielt auflösen

Leseprobe: www.vakverlag.de

Wohin unsere Augen blicken, hat Einfluss darauf, wie wir uns fühlen – und umgekehrt! Augen und Gehirn sind untrennbar miteinander verbunden und unsere Seheindrücke werden im Gehirn verarbeitet. Probleme und Traumata können die Verarbeitungsfähigkeit des Gehirns jedoch überfordern. Hier setzt Brainspotting an, indem die Augen genau auf den „wunden Punkt" gerichtet werden, der im Gehirn diesen „Brainspot" aktiviert. Die Verarbeitungsfähigkeit im Gehirn wird reaktiviert – das Problem wird tiefgreifend bearbeitet und gelöst.

224 Seiten, Paperback (15 x 21,5 cm)
ISBN 978-3-86731-146-5

Silvia Hartmann:

Emotionale Freiheit

Soforthilfe in Stress-Situationen mit Akupressur

Leseprobe: www.vakverlag.de

Ein einfaches Verfahren und doch eine hoch effiziente Methode zur Selbsthilfe, die bei vielen kleinen Problemen des Alltags und bei emotionalen Belastungen anwendbar ist. Klopfen auf bestimmte Akupressurpunkte bringt rasche Erleichterung bei Alltagsstress. Selbst gesundheitliche Beschwerden wie Schmerzen und asthmatische Erkrankungen lassen sich durch das gezielte Klopfen lindern. Diese Methode ist auch bei belastenden Erinnerungen und Gedanken hilfreich. Probieren Sie es selbst einmal aus!

203 Seiten, Paperback (15 x 21,5 cm)
ISBN 978-3-935767-07-1

Bestellen Sie unsere kostenlosen Kataloge unter: www.vakverlag.de